Financieramente
Sabio

Relatos que pueden mejorar tu vida financiera

2da. Edición

Melvin Féliz

Financieramente Sabio

Melvin Féliz
Segunda edición: Noviembre 2015

Diseño de portada y diagramación: Jorge Soriano.
Edición y corrección de estilo: Luis Emilio Segura.

Para invitaciones o pedidos:
Tels.: 407-227-2893 / 809-805-9391
E-mail: melvinfeliz7@gmail.com

 @melvinfeliz

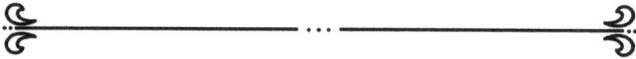

Impreso en los Estados Unidos de América
ISBN-13: 978-1523482511
ISBN-10: 1523482516

Edición publicada por
CreateSpace, una compañía de Amazon - 2016
Charleston, South Carolina, USA

Este libro está dedicado a Lucelly, Melanie y Melvin Jr. Ellos también quieren llegar a ser Financieramente Sabios.

Agradecimientos

———————◇———————

Ante todo quiero agradecer a Dios porque sin su ayuda no hubiera sido posible hacer realidad este proyecto. Luego a todas las personas que de una forma directa o indirecta estuvieron involucradas en la elaboración e historias que se redactan en este libro.

Un agradecimiento especial a mi esposa Lucelly Soriano por su entrega incondicional, a mi padre, el Sr. Toribio Féliz y a mi madre Dinorah Germán quien ahora descansa en la paz del señor, sus vidas e influencias me sirvieron de inspiración para relatar esta obra.

También quiero agradecer al Pr. Andrés Peralta, nuestro prologuista, por regalarnos parte de su tiempo; a Jorge Soriano, nuestro diseñador y diagramador. De igual manera a mis amigos Omar Medina, Luis E. Segura y Melvin Salas por sus aportes para la realización de esta obra.

Por último, quiero agradecer a todas aquellas personas que adquieran este libro, les aseguro que será un instrumento de bendición para sus vidas.

Contenido

"El mundo de las finanzas nos concierne a todos; indiscutiblemente nadie está exento de él. Financieramente Sabio es un material que nos ofrece ayuda pertinente en esta área y nos guía, a través de sus consejos, por el camino del equilibrio económico".

Melvin Salas
Músico cristiano, compositor, cantante y arreglista.

Prólogo

———————◦———————

Trabajo para miles de jóvenes alrededor del mundo, proveyendo múltiples actividades que generan gastos de cientos de miles de dólares al año. Como pueden imaginarse, conseguir fondos para realizar estas actividades no es una tarea fácil. Aunque tengo cientos de voluntarios y decenas de congregaciones que me apoyan incondicionalmente, mi capacidad de recaudación a veces llega al límite. En muchas ocasiones carezco de nuevas ideas para mantener la maquinaria funcionando; con todo, he llegado a disfrutar estos desafíos porque siempre puedo ver cómo ocurre un "milagro" al final del camino. Agregué a todo esto la responsabilidad que tengo junto a mi equipo de trabajo en administrar los recursos recaudados. No puedo defraudar las manos que me apoyan. Sin embargo, ¡Es gratificante mirar hacia atrás y ver cómo lo logramos!

Al transcurrir el tiempo he llegado a entender que las dificultades financieras nos ayudan a ser más disciplinados y organizados o por lo menos nos invitan a serlo. La disciplina y la organización unida a un espíritu perseverante generan grandiosos resultados.

Es por eso que encuentro refrescante la lectura del libro que tienes en tus manos, porque brinda las herramientas necesarias que nos capacitan para ser más sabios en el manejo de nuestras finanzas. En un mundo tan complejo como el que vivimos, donde la mayoría de las personas están asfixiadas por las deudas o sumidas en la bancarrota, la lectura de esta obra es como encontrar un oasis en el desierto o tomar un vaso de agua en el momento en que estamos más sedientos.

Las historias que nuestro autor, Melvin Féliz, nos cuenta, ilustran las realidades que vivimos diariamente. Con tacto y sabiduría nos muestra la necesidad de asumir una mayor disciplina financiera; cómo controlar los gastos excesivos y también, por qué no, a someter nuestras emociones a la hora de realizar nuestras transacciones comerciales. Melvin nos aconseja a tomar en cuenta las pautas necesarias para salir de nuestras deudas proveyéndonos sus consejos en un lenguaje comprensible y sencillo, manteniendo un estilo profesional.

He ponderado el contenido de este libro y deseo recomendarlo encarecidamente, ya que sus consejos nos ayudarán a tomar decisiones financieras con más sabiduría y precaución. Muchos de los consejos presentados son extraídos de la Santa Biblia, lo que provee un marco de referencia más sólido que muchos otros libros sobre finanzas; además le ofrece un matiz autoritativo muy especial. El valor de un libro se basa en su contenido, relevancia e historias prácticas, y éste posee todos esos elementos. Seguir sus recomendaciones nos ayudará a tener una perspectiva mucho más amplia del mundo de las finanzas.

Esta obra será de gran ayuda no solo para los hombres de negocios, sino también para las familias, los jóvenes y las parejas. En fin, para todo aquel que diariamente se ve envuelto en transacciones comerciales que puedan decidir su destino financiero para el resto de su vida.

Pr. Andrés Peralta, M.Div.
Director Asociado de Jóvenes
General Conference of SDA

INTRODUCCION

―――――――○―――――――

Son innumerables las personas que en algún momento de sus vidas han atravesado situaciones económicas difíciles. De forma particular, te puedo decir que a lo largo de mi carrera he vivido amargas experiencias que, indudablemente, han afectado mi estado de ánimo, desde atrasos en las tarjetas de crédito, préstamos e hipotecas. Inclusive hasta no tener suficiente dinero para el combustible del vehículo. Si te preguntara cuál ha sido tu experiencia en el aspecto financiero a lo largo de tu vida, es probable que también hayas vivido o estés viviendo momentos de crisis. Es de resaltar que la manera como cada uno de nosotros ha tratado de enfrentar ese tipo de situación varía de forma espectacular.

Para salir de la crisis, algunas personas recurren a sus "aliados" financieros más cercanos: ¡Sí, las famosas tarjetas de crédito! Otros acuden a sus mejores "Amigos": Los prestamistas independientes. Caben en esta lista los que se consideran más sofisticados, éstos acuden a los bancos. En conclusión, para resolver esos problemas financieros que tanto dolor de cabeza nos producen, vamos a la solución más rápida: La Deuda. De ese modo, vivimos toda nuestra vida cancelando deudas con otras deudas cada vez más y más grandes, con la falsa idea de que estamos financieramente en lo correcto. Es como tomar una aspirina cada vez que tenemos un dolor de cabeza, pero nunca visitamos al médico para que nos diga que lo produce y cómo se sana.

He visto a muchas personas que van al otro extremo y no les gusta la deuda, entienden que no endeudarse las convierte en financieramente sabios. Transcurre el tiempo lamentándose de la situación económica del país, nunca tienen dinero, pero se jactan de que no le deben un centavo a nadie.

También he hablado con otros tipos de personas. Aquellos que por tener una situación financiera difícil, piensan en solicitar un aumento de
salario a su jefe para calmar su sed financiera. Otros cambian de trabajo
buscando mayores beneficios y los más arriesgados tratan de instalar sus
propios negocios para incrementar sus ingresos y cubrir gastos.

Realmente no sé cuál de los casos ha sido el tuyo, de igual manera te puedo decir que existen varias formas y sabios consejos que nos ayudarán a
resolver los problemas financieros que cada día nos ocupan sin necesidad de acudir a deuda sobre deuda o estar permanentemente cambiando
de empleo.

No se trata de una fórmula mágica o simplemente conocer y llevar un
registro de todos tus gastos. El asunto de la administración del dinero
no es únicamente un problema matemático o de presupuesto, va mucho más allá. Tiene que ver con nuestra educación y cuando me refiero
a educación no es precisamente los grados o postgrados adquiridos en
las universidades. Me refiero a nuestra educación como seres humanos,
nuestras prioridades, nuestras emociones, nuestra visión, nuestras cos-
tumbres, nuestra actitud, en fin, NUESTRO PROPOSITO DE VIDA.

Después de muchos años de experiencia trabajando con empresarios y
empleados desde el sector bancario y luego como empresario independiente, he visto a cientos de personas iniciarse en el área de los negocios
y el mundo laboral, desarrollarse, llegar a la cima y desplomarse. Algunos han logrado levantarse, reconstruirse y volver a la cima, mientras
que otros aún están en proceso o no se han levantado.

En este libro te presentamos las orientaciones necesarias para que apren-
das a invertir sabiamente. Al mismo tiempo te ofrecemos un camino de
esperanza para que puedas enfrentar los momentos económicos difíciles. También analizamos algunos principios financieros que de ponerlos
en práctica podrían mejorar sustancialmente tu nivel de vida hasta con-
vertirte en alguien **FINANCIERAMENTE SABIO**.

CAPITULO 1

¿POR QUE ES IMPORTANTE LA EDUCACION FINANCIERA?

"Dime y lo olvido, enséñame y lo recuerdo,
involúcrame y lo aprendo".

Benjamín Franklin (1706-1790)
Estadista y científico estadounidense

D esde pequeño siempre me llamó la atención el tema de las finanzas y los negocios. De hecho mi familia paterna, especialmente mi padre y mis tíos, siempre fueron emprendedores que sostuvieron sus familias con gran esfuerzo y trabajo duro en sus pequeñas empresas. Sin embargo en la medida que yo iba creciendo notaba algo extraño y era que mi padre y todos mis tíos desempeñaban el mismo oficio, es decir, se dedicaban a la fabricación de colchones, muebles y realizaban trabajos de tapicería. La razón era simple, mi padre fue el primero en dejar su tierra natal de Barahona y desde temprana edad se instaló en la ciudad de Santo Domingo donde aprendió ese oficio.

Luego sus hermanos fueron llegando paulatinamente y en esa misma medida aprendían lo mismo. Transcurrieron los años, los hermanos se independizaron, formaron sus familias e instalaron sus propios negocios. En ese ambiente yo seguía creciendo y como ha de esperarse todos mis primos al igual que mis hermanos debíamos ir a los negocios de nuestros padres luego de la escuela.

Mientras avanzaba con mis estudios básicos, simultáneamente estaba realizando varios cursos técnicos de contabilidad y administración de empresas que fueron cambiando gradualmente mi modo de pensar. Sin transcurrir mucho tiempo me di cuenta que la historia se estaba por repetir. Es decir, todos mis hermanos y mis primos íbamos por el mismo camino de nuestros padres y sin darnos cuenta estábamos condicionando nuestras mentes para continuar con el oficio de la fabricación de colchones, muebles y tapicería. Realmente estaba agradecido porque la empresa de mi padre fue el medio que Dios proveyó para sostener a toda la familia.

En esa época no había tanta competencia y los productos podían venderse en el mercado con mucha facilidad. Normalmente las tiendas compraban al contado y la gente no acostumbraba a usar el crédito. La empresa familiar estaba bien en términos económicos y hasta cierto modo me beneficiaba, pues de allí obtenía las cosas básicas que como todo joven necesitaba.

Aun así, uno de los aspectos que no me gustaba del negocio era que para la fabricación de los productos era necesario utilizar fuerza física, pues no había suficientes máquinas para entonces y en ocasiones el constante esfuerzo manual terminaba lastimando mis dedos y provocaba ciertos cayos en mis manos que me irritaba cada vez que los veía. Como adolescente, no estaba consciente que ese era uno de los valores principales que mi padre quería que yo aprendiera. *"El sacrificio es el combustible que te lleva al destino del éxito".* El asunto era que en ese momento yo no estaba dispuesto a pagarlo. Como adolescente estaba decidido a explorar otras alternativas más "fáciles". Cada vez que tenía que saludar a una chica y sentía mis manos ásperas mi corazón se iba alejando gradualmente del negocio. Esa fue una de las razones que me motivó a buscar otras opciones de generación de ingresos. Creía que era posible mejorar mi calidad de vida sin tener que maltratar físicamente mis manos. Realmente estaba en una lucha mental y a todo esto se sumaba el hecho del proceso de transformación que estaba experimentando la economía dominicana con la incorporación de nuevas empresas, mucho más sofisticadas y con capitales fuertes que permitían vender sus productos a crédito dándoles mejores beneficios a sus clientes.

> **$** *"El sacrificio es el combustible que te lleva al destino del éxito"*

Esta situación me sirvió de excusa y me hizo pensar que ya era tiempo de despertar y descontinuar el "legado". La industria de fabricación de muebles y colchones creció. La proliferación de las empresas denominadas "Electro Muebles" hizo que empresas pequeñas de fabricación de colchones como la nuestra fuera en declive, pues los clientes preferían pedir mercancías a crédito directamente a los fabricantes industriales quienes podían soportar créditos desde 60 hasta 90 días.

A mi corta edad y con mi preparación básica de contabilidad y administración me di cuenta que el negocio de mi padre y mis tíos iba a desaparecer a menos que idearan alguna estrategia distinta que les permitiera diferenciarse en el mercado y mantener sus clientes. Pero no hicieron caso a las advertencias del mercado y los cambios que se aproximaban. Yo era bastante joven, el cuarto de seis hermanos. Definitivamente no me veían como alguien con la experiencia para decirles qué hacer y más con los disgustos que sentían ante mis quejas. Insistían en continuar con su sistema de trabajo, creían que la empresa iba a mejorar, pero en la práctica ya no era así. Les sugerí muchas veces que cambiaran de actividad, que intentaran con otros productos pero continuaron en lo mismo, pensaban que las sugerencias eran solo excusas para no querer trabajar, pero la realidad era que cada vez los negocios vendían menos y estaban al borde de la quiebra. Después de meditar seriamente sobre esas cosas, me propuse definitivamente abandonar el negocio de mi padre e ir a trabajar como empleado en otra empresa para seguir adelante. A mi corta edad ya quería disfrutar de más ingresos, salir con amigos, tener más libertad y sobre todo tener mi computadora y vehículo propio. Para esa época estaba la moda que cada joven tenía su computadora, yo no quería estar fuera de la tendencia.

Me inserté en el mercado laboral sin aprender lo que más tarde le llamé: *"La lección de las manos ásperas"*. Lastimosamente eso me trajo serias consecuencias que les comentaré en los capítulos próximos. El principio que sí pude aprender en ese momento al ver las empresas de mi familia desplomarse fue que *"La falta de estrategias innovadoras, no explorar nuevas oportunidades y el desconocimiento del mercado, son las bases para la quiebra de cualquier negocio"*.

Un empresario que mantenga las mismas estrategias ante este mundo cambiante, rápidamente se vuelve obsoleto y la misma sociedad lo expulsa del mercado. El mundo de hoy es más exigente que años atrás y requiere que los empleados y empresarios estén al tanto de las nuevas tendencias. *Lograr la sostenibilidad en el tiempo, un crecimiento continuo y aumentar el flujo de ingresos solo es posible incrementando permanentemente el conocimiento de tu educación financiera.*

Eso fue exactamente lo que les faltó a mi padre y mis tíos. Mientras yo necesitaba aprender una lección de sacrificio, ellos necesitaban aumentar su educación financiera. Mantuvieron estrategias obsoletas ante un mundo cambiante y ese comportamiento los llevó a la quiebra.

Desde mi punto de vista, la educación financiera es importarte por las siguientes razones:

1ro.   *"Te provee las herramientas que necesitas para navegar en el mar de este mundo, sin importar las condiciones del tiempo".*

En el año 1998 el huracán George azotó la República Dominicana causando pérdidas humanas y daños millonarios.

Muy pocas tormentas habían causado tantos estragos como ésta en los últimos 20 años. Algunos estudios determinaron que la mayoría de los desastres pudieron evitarse. La razón es obvia, gran parte de los huracanes que en principio amenazan la isla terminan desviándose. Esto ha creado un sentimiento de seguridad en la ciudadanía y cada vez que se aproxima un huracán la gente no hace los preparativos de lugar. En aquella ocasión ocurrió que la tormenta entró al país en un giro inesperado y nos atrapó a todos por sorpresa. Fue desgarrante ver a tantas familias sin hogar, refugiados en albergues e iglesias. Sin embargo, otras familias no sufrieron los daños, pues hicieron los arreglos de lugar y pasaron por ese momento de crisis tranquilos en sus casas o en los lugares de refugio. Cada cierto tiempo el mundo también experimenta tormentas financieras, a unos les toma por sorpresa, pero a otros les llega preparados. Cuando esto ocurre, las personas que salen menos perjudicadas son aquellas que pudieron anticiparse y hacer los aprestos de lugar.

> **$** *"Lograr la sostenibilidad en el tiempo, un crecimiento continuo y aumentar el flujo de ingresos solo es posible incrementando permanentemente el conocimiento de tu educación financiera"*

Si te dispones a buscar información, conocer un poco las estadísticas mundiales y el comportamiento de los mercados, así como las diferentes oportunidades que puedes aprovechar cuando se avecina una crisis, el impacto en vez de perjudicarte pudiera beneficiarte. Lo mismo que ocurrió durante la crisis inmobiliaria en los Estados Unidos en el año 2007. Muchas personas perdieron sus casas, pero otros aprovecharon ese mercado para adquirir propiedades a bajo costo y ahora están cosechando su inversión.

Mientras algunos inversionistas solo se enfocaban en el valor de las casas para fines de venta, otros vieron más allá y adquirieron propiedades para luego rentarlas. Todo esto es posible cuando aumentas el conocimiento de tu educación financiera.

 *"Te ayuda a atravesar las diferentes etapas de la vida"*.

Desde que te insertas en el mercado laboral, te conviertes en empresario, hasta ser un inversionista a gran escala, todo ese proceso es un constante aprendizaje que nunca termina. Algunos se quedan en el proceso, pero otros han llegado hasta el final, que es alcanzar la anhelada libertad financiera.

Por eso debes saber elegir el tipo de educación que recibes, como lo verás en el capítulo 8 de este libro. No toda la educación financiera te lleva al mismo destino. La educación financiera que se ofrece a los empleados es muy distinta a la que se ofrece a empresarios e igual de diferentes serán los resultados.

Tienes que definir cuál es tu propósito de vida, qué es lo que deseas ser en los próximos años. Si no tienes una meta definida, serás como un barco sin timón, que va hacia donde se dirija el viento. Ese mismo principio lo escribió el británico Charles Lutwidge Dodgson, mejor conocido por el seudónimo de Lewis Carroll, en su obra Las aventuras de Alicia en el país de las maravillas:

"Si no sabes hacia dónde vas, cualquier camino te sirve".

Tener un sueño es el primer paso para tu educación financiera. Este será el motor que va a mover todo el sistema por donde tendrás que atravesar. Cuando no tienes tu propio sueño, sencillamente te conviertes en una pieza para hacer realidad el sueño de otra persona.

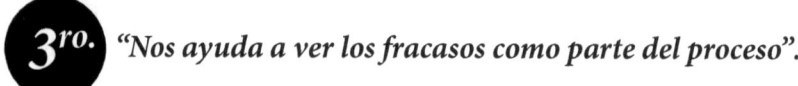

3ro. *"Nos ayuda a ver los fracasos como parte del proceso".*

Luego que ya tienes tu sueño, entonces viene la parte más emocionante de tu carrera hacia la libertad financiera: el proceso. Esta experiencia es la más difícil y donde muchos se quedan en el camino. El proceso es donde te formas, aprendes y estableces las bases donde construirás tu futuro. Es aquí donde se desarrolla la disciplina financiera, cometes errores, te caes, te levantas y continúas hacia tu objetivo.

La mayoría de la gente que no alcanzan sus sueños es porque le temen al proceso, entienden que caerse los vuelve más vulnerables. Emprender un proyecto es un asunto de decisión y riesgos. Muchas personas no le temen al hecho de soñar, le temen al proceso que esto implica. El miedo es al probable fracaso que puedan tener. ***"Si vas a emprender algo, deberás considerar el fracaso como parte del desarrollo del crecimiento".***

Hablar de sueños o metas e ignorar los fracasos, es como decirte que vas a aprender a montar bicicletas y no te vas a caer. Es casi imposible. Caerte es parte del proceso de cualquier emprendimiento que hagas. Un bebé no puede aprender a caminar sin tropezar de vez en cuando. Lo que ocurre es que en nuestros hogares y escuelas no nos enseñan a ver el fracaso como parte de un proceso, sino como un símbolo de derrota.

El hecho de que tropieces de vez en cuando, no significa que seas un fracasado. Sentirse fracasado es una creencia y como toda creencia ésta debe ser aceptada. Es decir, para que tú seas un fracasado, tienes que aceptarte como tal. Entonces, como el poder de aceptar está en tí, tú puedes decidir si eres un fracasado o no. Esto va con tu estima propia, con tu actitud. Si alguien te ha hecho sentir un fracasado, no significa que lo seas. Estás en pleno derecho de no aceptarlo y decidir que eres alguien con un futuro prometedor y que simplemente estás atravesando el proceso, lo volverás a intentar una y otra vez hasta que salgas bien.

Hay varias razones por las cuales las personas temen al fracaso, entre las cuales puedo citar:

⌇› *Vergüenza*

Tal vez ha ocurrido que mientras caminas simplemente tropiezas y te vienes abajo. Algunas personas al verte corren a tu auxilio, pero otros simplemente se ríen de tu desgracia o te graban en sus teléfonos inteligentes. Hay programas televisivos que ganan su audiencia proyectando los tropiezos de los demás. Mucha gente no se arriesga a buscar sus sueños por vergüenza, por temor a que alguien le esté mirando y se burle por cada tropiezo.

⌇› *Miedo a la percepción de la gente*

¿Qué pensarán de mí? Es la pregunta que se formulan, ¿Si vendo este producto, qué imagen estoy proyectando? ¿Podrán creer que estoy pasando por un momento económico difícil? Si vas tras tus sueños, la educación financiera te hace inmune a lo que puedas creer de la gente. "No se trata de lo que ellos piensen de ti, se trata de lo que deseas lograr".

⌇› *Quedar endeudadas*

Como lo verás en el capítulo tres de este libro, el endeudamiento podría aumentar tu potencial para lograr tus sueños o bien podría hundirte. Con la educación financiera adecuada tienes la opción de usar la deuda a tu favor y generar suficiente dinero para ti y toda tu familia.

~» *Porque creen que sus amigos no le van a apoyar*

No es un secreto el papel emocional que juegan los amigos en nuestra formación de vida. Sin embargo en la medida que creces, muchos amigos que no van a ir a la par contigo podrían convertirse en tropiezo y debes estar preparado para esos casos. Cuando dejas de ser oruga y te conviertes en mariposa, tus amigos que aún siguen siendo orugas ya no podrán volar contigo. Algunos sentirán resentimiento, pero otros te van a admirar y tendrán respeto por tus logros.

En fin, el miedo al fracaso puede provocar un círculo vicioso que se desarrolla de la siguiente manera:

1. El temor a fracasar te paraliza.
2. La parálisis conduce a la inacción.
3. La inacción genera una baja autoestima y la autoestima baja te lleva nuevamente al temor.

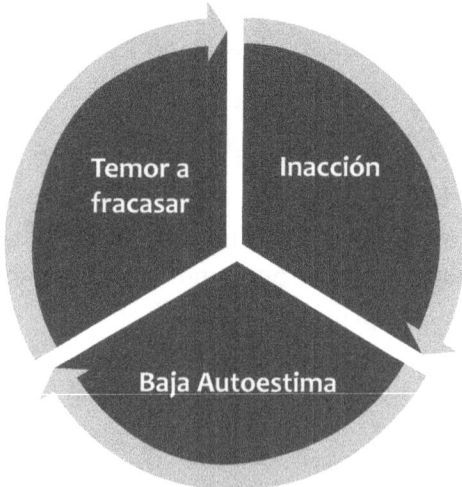

Y como dicen mis amigos los sicólogos, el miedo tiene una sola forma de eliminarlo y es **ENFRENTANDOLO**. Esto es posible hacerlo con un espíritu de buena voluntad y conocimiento los cuales se adquieren mediante un proceso de formación continua.

 **4to.** *La educación financiera te ayuda a que el proceso sea más llevadero.*

Te preparas para los altibajos, los tropiezos y te proteges de la gente que te envidia porque no pueden hacer lo que tú estás haciendo. Aquellas que solo miran las debilidades de los demás y apuestan a la derrota, como no pueden hacer realidad sus propios sueños, son simple piezas de alguien que si los logrará. El conocimiento es poder, cuando te empoderas de eso ya te conviertes en alguien diferente.

Si en estos momentos no dispones de voluntad, conocimiento o valentía para seguir adelante, aquí tengo buenas noticias para ti: ¡Dios está dispuesto a darte fuerzas y promete acompañarte durante todo el proceso! Mira lo que dice en su palabra:

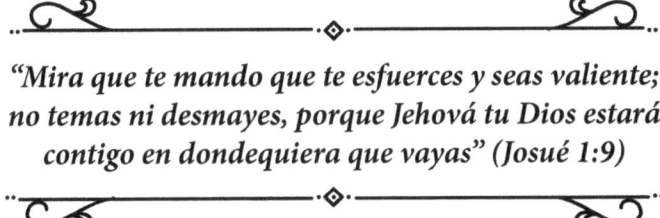

"Mira que te mando que te esfuerces y seas valiente; no temas ni desmayes, porque Jehová tu Dios estará contigo en dondequiera que vayas" (Josué 1:9)

Esa promesa también es para ti, fuiste llamado para seguir adelante. No importa que hayas salido mal una y otra vez, ahora intenta algo diferente, incluye a Dios en tus planes y aférrate de las palabras que le dijo el rey David a su hijo Salomón cuando éste último se propuso una meta de hacerle un templo a Dios:

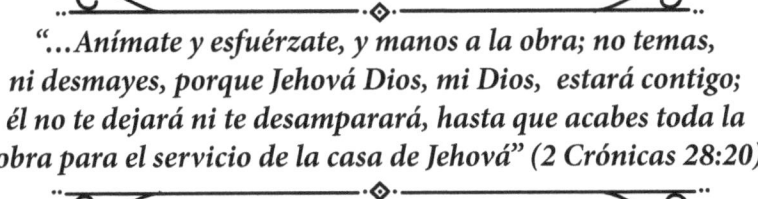

"...Anímate y esfuérzate, y manos a la obra; no temas, ni desmayes, porque Jehová Dios, mi Dios, estará contigo; él no te dejará ni te desamparará, hasta que acabes toda la obra para el servicio de la casa de Jehová" (2 Crónicas 28:20)

¿Realmente quieres aumentar tu educación financiera? Empieza dándole a Dios en primer lugar en tu vida y verás los resultados.

CAPITULO 2

NUESTRO PROBLEMA CON EL DINERO

*"Quienes creen que el dinero lo hace todo,
terminan haciendo todo por dinero".*

**Voltaire (1694-1778)
Filósofo y escritor francés.**

Originalmente este capítulo únicamente tenía el título: "El Problema del dinero"; más tarde y luego de revisar el texto descubrí que estaba cayendo en un típico error y es el hecho de culpar al dinero por tantos engaños, asaltos, pobreza y desigualdad social. Incluso, personas que dominan algunos textos de la Biblia en su afán por querer manipular a sus feligreses les instan diciendo que "El Dinero es la Raíz de Todos los Males". Yo que tengo formación cristiana desde mi temprana edad, he escuchado esa frase con frecuencia y luego de entender el verdadero significado que hay detrás de esta expresión me doy cuenta que esta oración expresa muchas veces la experiencia económica de quienes la utilizan. Es decir, individuos que no han tenido éxito en su vida financiera o personas que han tenido grandes problemas relacionados con el dinero.

Al analizar esta expresión también descubrí que es una declaración que está totalmente fuera del contexto bíblico, veamos:

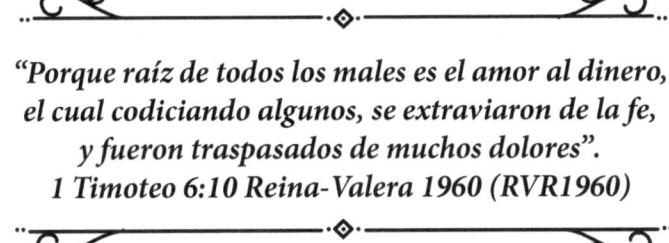

"Porque raíz de todos los males es el amor al dinero,
el cual codiciando algunos, se extraviaron de la fe,
y fueron traspasados de muchos dolores".
1 Timoteo 6:10 Reina-Valera 1960 (RVR1960)

Si te fijas bien, aquí no dice que el dinero es la raíz de todos los males, lo que sí dice es que "El amor al dinero" si lo es, provocando que muchos abandonen la fe y sean traspasados de muchos dolores.

Es decir, que el texto habla de la codicia. El amor al dinero es algo emocional del ser humano, el dinero por sí mismo no tiene la culpa de eso.

Uno de los graves problemas que causa el narcotráfico en el mundo es que alimenta la idea de que es posible conseguir dinero rápido, con poco esfuerzo y transformar sustancialmente nuestros niveles de vida. Personas jóvenes que viven en lujosas mansiones y tienen hermosos carros deportivos fruto de las actividades ilícitas, han creado la percepción para que otras vean la abundancia de dinero como algo ajeno a toda buena moral.

Realmente no es el dinero el problema, pero la sociedad insiste que el "Dinero sigue siendo la raíz de todos los males" provocando que las personas sean capaces de asaltar, matar, dañar vidas con tal de conseguirlo. Con este pensamiento estamos desviando la atención del verdadero problema y por consiguiente la manera de solucionarlo.

"Nuestra actitud hacia el dinero, va a determinar qué estamos dispuesto a hacer para conseguirlo o de qué manera lo gastamos".

El apóstol pablo lo llama "Amor al dinero", yo me atrevería a decir la actitud frente al dinero. Lo que representa el dinero para ti y de qué manera el dinero se relaciona con nosotros.

UNA EXPERIENCIA EXTREMA

El asunto del amor al dinero no es un tema simple. Nuestra mente no puede imaginar lo que es capaz de hacer el hombre por amor al dinero. Unos días antes de escribir este capítulo mi esposa, mi hija y Yo fuimos asaltados por dos personas. Antes del evento yo estaba en mi casa un poco más temprano de lo acostumbrado, recién llegaba de la oficina y estaba muy contento porque ese mismo día recibí la noticia de que mi esposa estaba esperando nuestro segundo bebé.

Salimos a celebrar las buenas nuevas con una deliciosa cena en uno de mis restaurantes favoritos. Más tarde nos marchamos de aquel lugar hacia nuestra casa y al llegar a la marquesina, tan pronto me desmontaba del vehículo, dos individuos apuntándonos con sus pistolas nos obligaron a abrir las puertas de la casa y a buscarle la impresionante suma de US$300,000.00 (Trescientos mil dólares). Realmente no sé de dónde se les ocurrió que nosotros teníamos semejante suma de dinero. Luego de utilizar palabras manipuladoras a fin de presionarnos, uno de ellos me golpeó con su pistola y ambos amenazaron con matarnos. Al ver que a pesar de toda esa presión no había dinero, tal vez se dieron cuenta que la información que tenían sobre mí era falsa o quizás ellos buscaban a otra persona con mis características. En fin, mi familia y Yo nos preparábamos para lo peor, les confieso que olvidé la promesa hecha por Dios para los que le temen que dice:

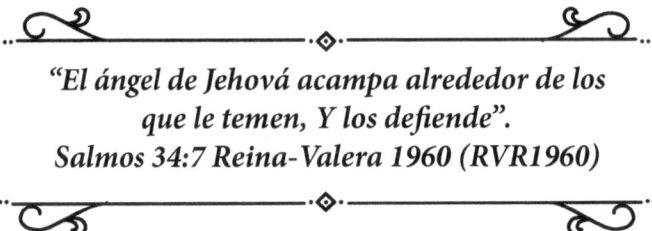

"El ángel de Jehová acampa alrededor de los que le temen, Y los defiende".
Salmos 34:7 Reina-Valera 1960 (RVR1960)

Y aunque me olvidé de esa promesa, Dios no se había olvidado de la suya. Ellos decidieron no continuar presionándonos. Yo diría que Dios obró en su corazón para que no nos hicieran más daño. Lo que sí me llama la atención fue el hecho de que al principio no nos pidieron las billeteras u otros objetos de valor tradicional en este tipo de situación, ellos solo buscaban dinero efectivo y nada más. Este fue uno de los pocos casos de asalto donde no se disparó una sola bala y todos pudimos salir con vida. Tal vez conozcas otros casos donde personas desaprensivas hasta han quitado la vida a gente inocente por amor al dinero.

Evidentemente en mi experiencia esto fue un caso extremo de lo que puede hacer el hombre por conseguir dinero y es así como reaccionan los perversos cuando no le ponen coto a la ambición, creen que el dinero puede solucionar todos sus problemas pero no es así. Aunque tengan mucho dinero lo malgastarían y volverían a cometer la misma acción, porque el problema no está en el dinero, está en la perversidad del corazón. El profeta Jeremías lo menciona en el libro que lleva su nombre:

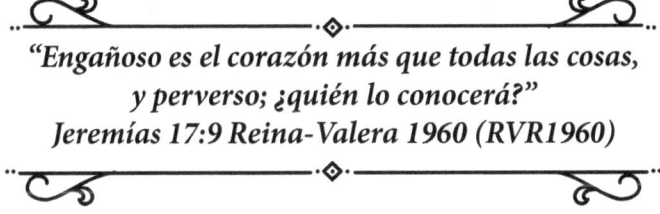

"Engañoso es el corazón más que todas las cosas, y perverso; ¿quién lo conocerá?"
Jeremías 17:9 Reina-Valera 1960 (RVR1960)

Luego de meditar sobre este acontecimiento, llegué a la conclusión de que esas personas estaban tan cegadas por conseguir dinero que no se imaginaban el daño emocional que podrían causarnos o en el peor de los casos, las posibles consecuencias si alguien los descubría en pleno acto.

Cuando los asaltantes se dieron cuenta que no encontrarían el dinero que buscaban, cargaron con todo artículo de valor que estuvo a su alcance y se marcharon; pero lo que más me sorprende es que a pocos días después que nos asaltaron, me enteré por los noticieros que esos mismos individuos estaban asaltando a otra persona que salía de un banco, al parecer no tuvieron éxito y una gran multitud les perseguía para hacerle justicia por sus propias manos. En su desesperación pasaron por un negocio y sin saberlo quedaron grabados por las cámaras de vigilancia. Luego, al cruzar la calle, uno de ellos apuntó con su pistola al primer conductor que venía haciéndole un disparo por medio del cristal delantero ocasionándole heridas desastrosas, tomaron el vehículo y huyeron.

Después de varios días de intensa búsqueda lograron atrapar a los malhechores y según las investigaciones policiales era una banda de más de seis personas que transitaban por toda la ciudad. La pobre joven conductora a quien le habían disparado, apenas pudo salvar su vida, pero quedó totalmente ciega.

> **$** *"Nuestra actitud hacia el dinero, va a determinar qué estamos dispuesto a hacer para conseguirlo o de qué manera lo gastamos"*

Esa triste noticia estuvo casi en todos los medios de comunicación locales e internacionales. Como puedes notar, esos individuos no se conformaron con los objetos de valor que tomaron de mi casa. En menos de un mes sencillamente prosiguieron su "Trabajo". Me atrevería a decir, que si no hubiesen atrapado a esos delincuentes, todavía estuvieran en las calles dañando más familias y gente honorable.

A este nivel de depravación es que llega el ser humano cuando permite que sus emociones tomen el control de sus vidas y continúan creyendo que solo el dinero puede solucionar todos sus problemas.

FELICIDAD VS DINERO

Si nosotros permitimos que el dinero siga siendo el determinante principal de nuestros logros, así como de nuestros fracasos, lamentablemente no vamos a ser financieramente sabios. Uno de los principales aspectos que debemos trabajar es nuestra actitud como mencionaba al principio. *"Tener una actitud despreocupada por el dinero podría ser un extremo tan negativo como estar permanentemente preocupado por él".*

El dinero es sencillamente un medio de cambio. En sí mismo no tiene valor y cuando digo valor, no me refiero a los números que puede tener el billete. Lo que trato de significar es que el dinero solo sirve para cambiarlo por otra cosa. En el medio donde vivimos ya el billete como medio de cambio está desapareciendo. El uso de las tarjetas de crédito y débito, transferencias bancarias y programas sofisticados de pago se han encargado de sacar de circulación la moneda física como tal. Ya el dinero prácticamente es algo abstracto. Cuando se trata de mover grandes sumas de dinero, se maneja el concepto de transferencia y los que aún se resisten a la tecnología usan las chequeras. Es decir, que la moneda cambia y nuestra mente no.

En ocasiones nos cuesta creer que las cosas y las personas son más importantes que los medios para conseguirlas; con esto no estoy afirmando que el fin justifica los medios. Lo que quiero precisar es que con el dinero podrás comprar cualquier casa pero no un hogar, podrás comprar un hospital pero no la salud, podrás comprar placeres, pero no la felicidad.

A propósito de la felicidad voy a compartir un estudio que realizó la Oficina Nacional de Estadística de Reino Unido a más de 200,000 personas. Este estudio inició en abril del 2011 y fue publicado en el prestigioso periódico "The Guardian". También fue reproducido en la edición digital del periódico El Nuevo Diario del 20 de noviembre del 2012 (www.elnuevodiario.com.do) La investigación consistió en medir el grado de felicidad que tenían las personas de diferentes clases sociales, es decir, personas de clase alta, media y baja.

A todas ellas se les pidió que respondieran con un número del 0 al 10 a cuatro preguntas: "¿Está feliz con su vida actualmente?", "¿se sintió feliz ayer?", "¿se sintió preocupado ayer?" y "¿hasta qué punto cree que lo que hace en su vida merece la pena?".

El estudio demostró que en las personas de más altos ingresos existe el mismo problema de infelicidad que en los que tienen ingresos menores. Es decir, está demostrado que el dinero no es un factor determinante para lograr la felicidad.

Al mirar la situación mundial podemos darnos cuenta que la mayoría de los crímenes, asaltos, robos y hasta guerra entre naciones es el resultado de la ambición del hombre. Basta con echar un vistazo a los países productores de petróleo. Normalmente viven ante amenazas de golpes de estado y la vigilancia de otras naciones interesadas en sus recursos naturales.

Fue noticia en toda la República Dominicana y el mundo, la batalla legal que hubo entre una empresa extranjera explotadora de oro y el gobierno con relación a la repartición de los beneficios que ofrece una de las minas de oro más grande de nuestro país y centroamérica. Ese tipo de conflicto probablemente se repetirá en otros lugares, debido a que muchos hombres entienden que solo el dinero puede resolver todos sus problemas.

EL DINERO UN ASUNTO DE ACTITUD

En fin, para ser financieramente sabios debemos comenzar cambiando nuestra actitud hacia el dinero. *El dinero en sí mismo no tiene valor, lo que deseamos adquirir con él es lo que le da significado* y si nuestra jerarquía de prioridades no está bien ordenada, vamos a continuar creyendo que el dinero es el culpable de toda esta situación y por ende no obtendremos éxito al combatir el verdadero origen del problema.

Recuerdo un anuncio publicitario que tenía el Banco BHD que decía: "El dinero tiene el valor que nuestros clientes les dan" y es bien cierto. Yo lo traduciría de la siguiente manera, tal como lo escribí hace un momento: "La actitud que tengamos hacia el dinero, va a determinar qué estamos dispuesto a hacer para conseguirlo". Es decir, nuestras reacciones, lo que pensamos o sentimos sobre el dinero marcará nuestro futuro financiero en el corto y largo plazo.

> **$** *"Tener una actitud despreocupada por el dinero podría ser un extremo tan negativo como estar permanentemente preocupado por él"*

Hace unos años leí un interesante libro del Dr. John C. Maxwell titulado: "Actitud de Vencedor", donde hace un poderoso análisis acerca de la actitud de las personas hacia los diferentes aspectos de la vida. Inicia el primer capítulo, relatando una experiencia de vuelo que experimentó en San Diego y la explicación que le daba el piloto sobre "La Actitud del avión" (posición del avión respecto al horizonte). En su conversación con el piloto, éste le dice que el indicador de la "Actitud del avión" determinará su comportamiento durante las horas de vuelo y por eso estaba en un lugar visible, incluso tenía un libro sobre actitud de vuelo en la cabina.

En la reflexión sobre esa experiencia el Dr. Maxwell explica de qué manera las actitudes de las personas afectan su comportamiento. Escribe sobre los indicadores de "actitud" que estarían marcando nuestro rumbo de vuelo en la vida. Es una interesante reflexión que recomiendo para aquellas personas que desean cambiar su estilo de vida y necesitan un cambio de actitud, no solo en términos financieros, sino de forma integral.

Trayendo el concepto al plano financiero, es interesante ver la analogía entre la actitud de vuelo y nuestra actitud hacia el dinero. La actitud de vuelo va a determinar el comportamiento del avión durante las horas de vuelo y nuestra actitud hacia el dinero va a determinar el comportamiento económico de nuestras vidas. *La actitud hacia el dinero envuelve no solo la importancia que le damos al dinero, sino como reaccionamos ante él.*

Pocas cosas producen tanta emoción como cuando recibimos cierta cantidad de dinero, los sentimientos se desatan y se produce una rara sensación de felicidad y alivio. Mucho más cuando sabes que ese dinero lo usarás para resolver ciertos compromisos que ya estaban al borde de la morosidad.

Sentirse bien no es algo malo, el asunto está cuando hacemos de esa satisfacción algo tan determinante que no nos importa de qué manera conseguimos el dinero. Nuestras emociones no deben ser un determinante a la hora de decidir cómo conseguir dinero. Las Sagradas Escrituras nos enseñan lo siguiente:

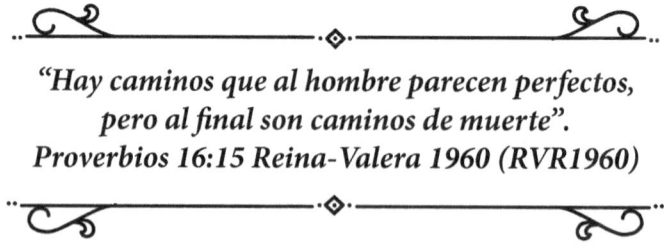

*"Hay caminos que al hombre parecen perfectos,
pero al final son caminos de muerte".
Proverbios 16:15 Reina-Valera 1960 (RVR1960)*

UNA ACTITUD CORRECTA

Entiendo que el mejor ejemplo para tener la actitud correcta hacia el dinero o cualquier otra cosa en la vida lo encontramos en Cristo. El apóstol Pablo dio el mejor indicador de actitud en Filipenses capítulo 2, verso 5:

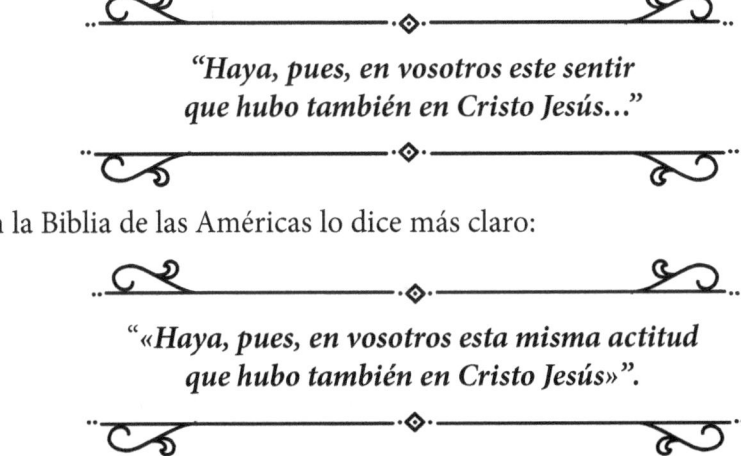

"Haya, pues, en vosotros este sentir
que hubo también en Cristo Jesús..."

En la Biblia de las Américas lo dice más claro:

" «Haya, pues, en vosotros esta misma actitud
que hubo también en Cristo Jesús»".

Si analizas todo el capítulo, te darás cuenta de la verdadera actitud que tenía Cristo y por qué su padre lo engrandeció. Repasemos algunos versículos del capítulo 2 de Filipenses:

3. Nada hagáis por contienda o por vanagloria; antes bien con humildad, estimando cada uno a los demás como superiores a él mismo;

4. no mirando cada uno por lo suyo propio, sino cada cual también por lo de los otros.

Dos palabras claves aquí son contienda y vanagloria. Los principales motivos que alimentan la búsqueda incesante de dinero sin importar las consecuencias. También aquí se presenta el principio de la humildad, cuando nos insta a considerar a los demás como superiores a nosotros mismos, no mirando lo nuestro propio, sino también por los demás, es decir sin egocentrismo.

Aquí descubrimos la principal herramienta sobre la actitud hacia el dinero: LA HUMILDAD.

Los demás versos lo explican más claramente, veamos:

5. Haya, pues, en vosotros este sentir que hubo también en Cristo Jesús,

6. el cual, siendo en forma de Dios, no estimó el ser igual a Dios como cosa a que aferrarse,

7. sino que se despojó a sí mismo, tomando forma de siervo, hecho semejante a los hombres;

8. y estando en la condición de hombre, se humilló a sí mismo, haciéndose obediente hasta la muerte, y muerte de cruz.

9. Por lo cual Dios también le exaltó hasta lo sumo, y le dio un nombre que es sobre todo nombre,

10. para que en el nombre de Jesús se doble toda rodilla de los que están en los cielos, y en la tierra, y debajo de la tierra;

11. y toda lengua confiese que Jesucristo es el Señor, para gloria de Dios Padre.

$ *"El dinero en sí mismo no tiene valor, lo que deseamos adquirir con él es lo que le da significado"*

Jesucristo lo tenía todo y lo dejó todo por una misión donde había riesgos. Jesús, hecho humano, debía cumplir con los requerimientos de Dios en un cuerpo debilitado por el pecado, pero con una actitud definida y clara de ser fiel a Dios. Misión que pudo cumplir porque dependía totalmente de su padre y entendía que las cosas materiales no estaban por encima de las cosas celestiales. Por eso su padre lo engrandeció y lo resucitó.

"El dinero es importante, pero no determinante. Para una persona de fe, lo determinante lo define Dios no los hombres".

Nuestra actitud hacia el dinero está amarrada al nivel de fe que tenemos en Dios y de lo que Él es capaz de hacer, aún si nos pidiera donar todo nuestro dinero a personas más necesitadas que nosotros. Uno de los mejores ejemplos de actitud lo veo en la historia de Abraham e Isaac, su único hijo, cuando Dios le pidió que lo sacrificara. Nuestra actitud debe estar enfocada en lo que Dios puede hacer con el dinero, no en lo que el dinero puede hacer por Dios o por nosotros.

CAPITULO 3

ADMINISTRANDO LA DEUDA SABIAMENTE

"Como utilices la deuda hoy, determinarás tu futuro financiero en el corto y largo plazo"

Melvin Féliz
Asesor financiero y conferencista internacional

A lo largo de la historia se ha hablado mucho sobre el endeudamiento. Durante años la deuda ha tenido sus defensores y también sus detractores. Pero algo es bien cierto y es que en el marco de una economía globalizada como la que estamos viviendo, ya no es posible que un país logre el desarrollo sin el uso de la deuda. Todo proyecto industrial a gran escala debe contar con una fuente de financiación que permita su ejecución. En la mayoría de los casos, los gobiernos no tienen esos recursos inmediatos, entonces recurren a la deuda, ya sea local o internacional, como un mecanismo de apalancamiento para lograr sus objetivos futuros.

Según informes del Banco Mundial y el Fondo Monetario Internacional, para el año 2012, del total de 181 países que formaban parte de su organismo apenas el 3% no tenía deuda. Esos países fueron los siguientes: Taiwán, Brunéi, Palaos, Macao, Liechtenstein y Wallis /Futuna. Es decir, que el 97% de los países restante, de algún modo estaba endeudado con dichas instituciones. Eso es una cifra alarmante. Lo que realmente están diciendo esas informaciones es que en los presupuestos de los países, la deuda sigue siendo una herramienta de apalancamiento para impulsar el desarrollo de sus planes de gobierno.

Si echamos un vistazo a las naciones que han logrado un desarrollo sostenido después de la 2da. Guerra Mundial y que por su trabajo y empeño se mantienen en el rango de "Potencia económica" vamos a descubrir que son países con un alto índice de endeudamiento.

Según los datos presentados en la edición digital en español de la BBC de fecha 26 de febrero del 2015 en su portal www.bbc.com basado en el informe que fue preparado por la consultora global McKinsey, en el ranking de los diez países más endeudados del planeta se encuentran nada más y nada menos que las siguientes potencias: Japón, Estados Unidos, China, Arabia Saudita y otros más que no están dentro de la categoría de potencias mundiales, entre los cuales podemos citar a Grecia, Malasia, Tailandia y otros de la eurozona.

El asunto es como dice Richard Dobbs, director de la consultora global McKinsey y co-autor del informe hablando para la BBC:

"La deuda, que creció mucho en los siete años previos a la crisis de 2007, siguió aumentando luego, pero una cosa es que aumente en un país desarrollado y otra en uno emergente. Entre los que más la aumentaron, vemos también panoramas diversos. En algunos la deuda es un problema grave. En otros no tanto".

Si te fijas bien, el Sr. Dobbs aclara un punto que merece nuestra atención:

"...una cosa es que aumente (la deuda) en un país desarrollado y otra en uno emergente"

En nuestro país se utiliza un refrán para dar el mismo significado a este concepto: "Una cosa es con guitarra y otra cosa es con violín". Lo que se quiere destacar es que, el uso de la deuda puede dar diferentes resultados dependiendo la mentalidad de la nación que la administre.

La deuda puede ser un instrumento de desarrollo, no solo en economías mundiales. Sino también en economías domésticas. La regla sigue siendo la misma:

"Como utilices la deuda hoy, determinarás tu futuro financiero en el corto y largo plazo"

En esta etapa de la historia, ya no podemos seguir pensando en que la deuda es el principal enemigo de nuestras economías. Si hacemos un uso responsable de ella, podríamos generar más riquezas y cambiar sustancialmente nuestros niveles de vida. Esa ha sido la política de endeudamiento de los países que hoy son potencias mundiales, tomar prestado para invertir en actividades que generen flujo de efectivo. Esta idea es la que utilizan todos los bancos del mundo, apoyados por los gobiernos. Por eso existe el Banco Mundial, El Fondo Monetario Internacional, el Banco Interamericano de Desarrollo y otros que operan a gran escala en la economía mundial.

Este principio de tomar prestado para invertir en actividades que generen flujo de efectivo no es solamente aplicable a las grandes naciones y empresas multinacionales. Es una idea que puede funcionar en nuestras finanzas personales. El único problema es que no todos están dispuestos a hacerlo porque "Una cosa es tomar prestado con mentalidad de empleado y otra es tomar prestado con mentalidad empresarial".

Debemos conocer estas diferencias, porque el uso que le demos a esos recursos dependerá de la posición ideológica en la que te encuentres. Antes de continuar, quiero hacer una nota aclaratoria: con este concepto no estoy desvalorizando a las personas que tienen una mentalidad de empleado VS mentalidad empresarial. Tal como lo he dicho en muchas ocasiones, sin empleados no hay empresa. Son el principal activo que tiene un negocio, además todos los que han tenido la oportunidad de crear negocios exitosos, en la mayoría de los casos fueron empleados. Simplemente voy a analizar estos dos tipos de pensamientos en función del comportamiento que cada uno tiene y de qué manera usted puede elegir la que mejor le convenga.

Un empleado generalmente toma prestado para:

   a. Comprar una vivienda
   b. Comprar un vehículo
   c. Comprar enseres del hogar
   d. Salir de vacaciones
   e. Estudios
   f. Matrimonio, entre otras cosas

Lo que más me preocupa es que todo esto se paga con una sola fuente de ingreso, normalmente derivado en una relación de dependencia entre un empleado y su empleador. Es decir, usted tiene un excelente paquete de compensación debido a su posición en el trabajo y en la medida que va escalando, también va cambiando su nivel de vida y todo a base del crédito. Si por alguna razón se genera algún cambio en la administración de la empresa donde usted labora y ya no quieren continuar con sus servicios, el pánico y la desesperación podrían apoderarse de usted, sabiendo que tiene una casa, un vehículo, las vacaciones pasadas y las tarjetas de crédito, que aún no ha terminado de pagar.

> **$** *"Como utilices la deuda hoy, determinarás tu futuro financiero en el corto y largo plazo"*

El empresario piensa diferente. También toma prestado, pero no para adquirir "Bienes de consumo", si no "Activos productivos". Estos últimos pagan los primeros. Con el relato que te comento a continuación verás las diferencias.

¿ES BUENO O ES MALO ENDEUDARSE?

Hace unos años estaba dictando una conferencia sobre finanzas a un grupo de pequeños empresarios en el salón de un hotel, al concluir, una joven se me acercó y me preguntó:

- ¿Es bueno o es malo endeudarse?

- Es bueno y es malo- Le respondí mientras le veía algo confusa.

-No entiendo- me replicó la joven con más confusión todavía.

-Déjame explicarte- le dije y continúe: La deuda es buena, porque mediante ella puedes adquirir productos y servicios que de utilizarlos sabiamente podrían mejorar sustancialmente tu nivel de vida, tiene el poder de poner dinero en tus bolsillos y puede servir de palanca para impulsar proyectos de inversión.

De igual manera te digo, la deuda es mala, porque de no administrarla sabiamente, o sea, si la usas para satisfacer necesidades personales podrían causarte la mayor miseria y calamidad financiera que alguna vez hayas vivido. Todo es cuestión de cómo la administres.

-Oh, ya comprendo. Es decir que si uso la deuda para consumo podría ser mala, pero si la uso para inversión podría ser buena, ¿Es lo que quiere decir?

-Por supuesto que sí, cuando te endeudas para invertir en activos productivos y esos activos pagan la deuda, dándote un beneficio adicional, entonces podemos decir que esa deuda es buena, porque tiene un retorno en efectivo para satisfacer el capital más los intereses y darte beneficios por asumir el riesgo. En cambio, si la utilizas para adquirir bienes de consumo, tendrás que apartar un alto porcentaje de tu salario para cubrir los pagos.

-¿Activos productivos? ¿Qué es eso?

-Los activos productivos son aquellos que son autosostenibles, como te decía hace un momento, ellos mismos pagan tus deudas y te dan un beneficio por asumir el riesgo. Por ejemplo: Si tomas un crédito para comprar un autobús que trabajará en una ruta de transporte y el dinero que produce ese vehículo es suficiente para cubrir sus gastos, pagar personal, pagar su préstamo y adicional te da dinero, podríamos decir que es una deuda buena. Es decir, invertiste en un "Activo productivo". En cambio, si tomas un crédito para comprarte un vehículo para uso personal y ese vehículo no produce dinero para pagarse a sí mismo, si no que debes usar dinero de tu salario para pagar el préstamo, podemos decir que es una deuda mala. Es decir, financiaste un "Bien de Consumo". Porque además de pagar interés por el préstamo, vas a perder la depreciación o mejor dicho, la pérdida de valor del vehículo en la medida que pasa el tiempo. Cuando termines de pagar el crédito, estarás perdiendo casi doblemente, pues perderás los intereses que pagaste, más el deterioro del vehículo. No es que comprar un vehículo para uso personal sea algo negativo, siempre y cuando quien pague por ese vehículo personal sea un activo productivo y no tu salario.

- Waoooo... estoy sorprendida. Pensé que la deuda no era buena para mis finanzas. Mis padres me habían educado desde pequeña que no debía tomar dinero prestado y tenía que comprar todo al contado, sin embargo me doy cuenta que todo es cuestión de cómo invierto el dinero que proviene de la deuda.

-Así es. De ahora en adelante ya sabrás cómo y cuándo hacer uso del crédito en tus operaciones financieras.

Tal como el evento que acabo de contarte, hay muchas personas que le tienen pánico a la deuda y están bien confundidos sobre su uso. La deuda en sí misma no es cuestión de causar pánico o miedo, lo que sí podría causar pánico es colocar esta herramienta en manos de alguien que no sabe cómo usarla.

Es cierto que muchas instituciones financieras en su afán por aumentar sus carteras de créditos ofrecen sus productos de forma agresiva, especialmente las tarjetas de crédito. Sin embargo es nuestra responsabilidad aceptar o rechazar cada producto que nos ofrecen, pues somos los únicos responsables por cada centavo que gastamos.

En los últimos años, mi teoría ha sido: "El criterio utilizado para otorgarle una licencia de conducir a un individuo, sea el mismo para una tarjeta de crédito". Es decir, las personas, primero deben conocer las leyes de tránsito y pasar una prueba antes de recibir su permiso de conducir. Lo mismo debe ocurrir antes de entregar una tarjeta de crédito a una persona. Deben darle un breve entrenamiento sobre el manejo y las consecuencias legales que esto conlleva. Lo que pasa es que esta orientación financiera no les conviene a los bancos. ¿Te imaginas que a cada cliente antes de enviarle su plástico tengan que educarlo financieramente? las metas de colocación se retrasarían. Prefieren que las personas consuman y que después paguen las consecuencias. Al final, les da más beneficios.

El uso de la deuda tiene un principio general. Muchos autores lo enfocan de diferentes maneras, pero al final es el mismo: ***"Si te vas a endeudar, trata de que otra persona pague por ti"***.

Es decir, te puedes endeudar, pero antes debes saber cómo vas a invertir ese dinero de modo que los beneficios que genere sean suficientes para cubrir los compromisos de la deuda y te dejen dinero por asumir el riesgo.

El famoso autor de la serie "Padre Rico, Padre Pobre" y empresario norteamericano Robert Kyosaki le llama: Deuda buena y deuda mala. La deuda buena cuando haces que ese dinero genere suficiente para pagarse a sí misma y pagarte a ti. Deuda mala, cuando tienes que tomar dinero de tu salario para cubrir dichos compromisos.

> **$**
> *"Si te vas a endeudar, trata de que otra persona pague por ti"*

Con esta idea no estoy diciendo que ahora debes ir a los bancos y tomar todo el dinero que te puedan dar para que inicies tu negocio. Todo proyecto de inversión amerita un análisis sobre ciertos aspectos que son necesarios a fin de garantizar su estabilidad en el tiempo y el retorno de la inversión. Mucho más importante aún, si tu proyecto va a estar financiado por alguna entidad bancaria o un grupo de inversionistas. En todo caso, deberás tener bien elaborado un "Plan de Negocios" que contenga en forma resumida como piensas desarrollar tu empresa y las estrategias a seguir. Este instrumento será muy valioso, no solo para ti, sino también para tus futuros inversionistas.

¿PRESTAMOS O INVERSIONES?

Este es un dilema que todo emprendedor debe afrontar. En muchas ocasiones he recibido la misma inquietud: Qué es más conveniente, ¿tomar préstamos a bancos o buscar inversionistas? De manera personal he usado ambas formas de captar recursos, todo dependerá de cómo tienes estructurado tu negocio y el alcance a futuro que le quieres dar. Si no eres un empresario experimentado, es conveniente que busques socios que te brinden apoyo y no solo en el aspecto financiero, sino en conocimiento y experiencia. El valor agregado que puedes conseguir es invaluable. También puedes combinar ambas cosas, tener socios que aporten experiencia y capital y, también utilizar los préstamos. Como te comentaba, todo dependerá del alcance y la cantidad de recursos que necesite tu empresa.

Por eso es tan difícil analizar el tema de la deuda. Pues involucra otros aspectos que son cada vez más complejos. Desde mi percepción administrar la deuda es como administrar la gasolina. -¿Cómo así?- Me preguntarías. Permíteme explicarte: Es por demás decir lo importante que es la gasolina o cualquier otro combustible derivado del petróleo para el desarrollo económico de un país. Estamos tan acostumbrados a poner combustible al tanque de nuestros vehículos, encender el motor de forma natural y hacer las diligencias cotidianas sin darnos cuenta que en el muy largo plazo estamos agotando un recurso natural que tarde o temprano llegará a su fin, ese recurso se llama petróleo. Principal elemento de contienda de las potencias mundiales, especialmente en oriente donde se encuentran las mayores reservas petroleras del mundo.

Por eso observas en los diferentes medios campañas publicitarias incentivando el uso de combustibles no fósiles a fin de hacer que las reservas petroleras puedan durar varios años hasta que los científicos puedan dar con una fórmula de generación de energía que no dependa tanto del crudo y el mundo no se paralice. Hoy se mencionan otras alternativas como el petróleo de esquisto, gas natural, entre otros.

Es decir, el uso de combustible, específicamente los derivados del petróleo es un mal necesario en vista de que el mundo se ha condicionado de tal modo que sin ellos no es posible la subsistencia, aun sabiendo que estos recursos no durarán para siempre. Lo mismo ha ocurrido con la deuda, los gobiernos y las personas en general la han usado para hacer crecer sus proyectos, no terminan de pagar un préstamo cuando ya están tomando otro más grande. No se preocupan por saldar, todo lo contrario han acumulado billones de dólares en créditos para luego darse cuenta que no tienen para saldar todos sus compromisos. La única opción es producir más y endeudarse más hasta que un día toquen fondo y se den cuenta que todo era una trampa. Y es ahí donde nosotros no debemos llegar, tenemos que salirnos de la ruleta antes de que explote.

Para administrar la deuda sabiamente debemos tener un plan para no estar cada vez más endeudados. Podemos tomar préstamos, invertir, recibir las ganancias, pero no hacernos dependientes de los préstamos a tal punto que no podamos mantenernos sin ellos.

Los que somos creyentes contamos con algunas recomendaciones a lo largo de las Sagradas Escrituras. Por eso el sabio Salomón nos advierte lo siguiente:

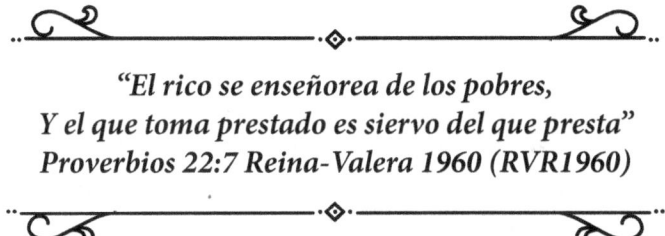

"El rico se enseñorea de los pobres,
Y el que toma prestado es siervo del que presta"
Proverbios 22:7 Reina-Valera 1960 (RVR1960)

Muchas personas utilizan este texto y otros más para decir que tomar dinero prestado no es la voluntad de Dios. Realmente no existe un solo texto de la Biblia que afirme tal declaración, todo lo contrario, se establecen los mecanismos de cómo debe hacerse a fin de que la avaricia por el dinero no cause división. De lo que las Sagradas Escrituras nos advierte es sobre los peligros de estar endeudados y recomienda no hacerlo por los riesgos que esto implica.

Es cierto, si estableces un negocio con deudas y luego fracasas, estarás fracasando doblemente. El asunto es que no todos los negocios fracasan. Muchos han alcanzado el éxito. Por eso es que establecer un negocio es un tema delicado, pero no imposible. Desde el punto de vista financiero te puedo decir que no es financieramente sabio utilizar todos tus recursos en una actividad productiva, concentrando así el riesgo en una sola persona. Lo que se recomienda es que coloques parte de tu capital y busques por otra vía el resto, ya sea incorporando socios o tomando préstamos. De esa manera estarás dividiendo el riesgo, si fracasa el negocio no pierdes tu solo. Te quedará algo de capital para seguir intentando. Simplemente se trata de no poner todos los huevos en una sola canasta, debemos dejar algo de reserva para el próximo intento.

"El que toma prestado es siervo del que presta". Es una de las verdades más contundentes que presentan las Sagradas Escrituras. El mundo gira alrededor de este concepto. El asunto es sobre quién le debe a quien. Es decir, la lucha por controlar las fuentes de generación de dinero y de qué manera las potencias controlan el mundo. Cada día podemos ver como la brecha entre ricos y pobres es cada vez más grande, esto nos da un claro indicador sobre qué lado queremos estar. Del lado de los que deben o en cambio de a los que se les deben. Ese es el juego de la economía global, ser controlados o tener el control; la decisión es tuya.

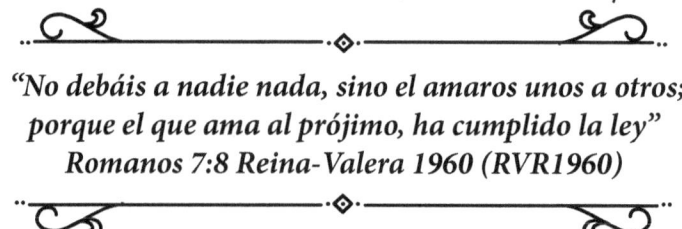

"No debáis a nadie nada, sino el amaros unos a otros;
porque el que ama al prójimo, ha cumplido la ley"
Romanos 7:8 Reina-Valera 1960 (RVR1960)

Esta es una recomendación con la que yo estoy de acuerdo. Aunque el texto no dice que es pecado tomar dinero prestado, sí me lleva a pensar que al final debe ser nuestra meta, el no deber nada a nadie, para que podamos disfrutar a plenitud las bendiciones económicas que nos de la providencia. Es buena idea impulsar tu negocio con financiamiento, pero no debe ser esa una práctica constante. En algún momento debes tener un respiro y disfrutar los últimos años de tu vida sin la dependencia que genera el estar endeudados.

CAPITULO 4

¡LOS BANCOS SON LOS CULPABLES, NO "YO"!

"No se trata sobre qué gastar o en qué no, se trata sobre quién toma control de tus decisiones financieras. Tu poder de razonar o el poder de tu emoción"

Melvin Féliz
Asesor Financiero y Conferencista Internacional

En el año 2007 los Estados Unidos de América vivió una de sus peores crisis económicas de los últimos tiempos. Esta situación provocó un desplome en el mercado inmobiliario a escalas gigantescas. La economía mundial se vio amenazada y muchos países también sufrieron las consecuencias. A una voz la sociedad exigía castigar a los culpables y buscar la mejor solución a este problema.

Después de muchos análisis y de tirarse la pelota de un lado a otro de la cancha, culparon a los bancos y a las empresas de inversiones dedicadas a financiar proyectos inmobiliarios de no evaluar correctamente los precios de los inmuebles y de hacer operaciones no muy saludables para el sistema financiero. Una vez más, las empresas intermediarias del sector cargaron con toda la culpa y la sociedad los vio como los únicos villanos de la película. Aunque sabemos que también había una cuota de responsabilidad de los organismos supervisores del sistema, casi toda la balanza se inclinó para un solo lado.

Gracias a los esfuerzos y sacrificios que se han hecho, no solo por el gobierno norteamericano, sino también por las empresas del sector financiero, la economía estadounidense ha vuelto al camino de la estabilidad, desarrollo y crecimiento, dando al mundo una esperanza que parecía desvanecerse durante los primeros años de la crisis.

Se ha convertido en una conducta repetitiva a lo largo de la historia, cuando hay crisis la gente se concentra más en buscar culpables que soluciones. Eso trae como resultado más dificultad en la búsqueda de alternativas para mejorar la situación. Con esta experiencia queda claro la importancia de trabajar en equipo y luego de resolver el problema, entonces castigar a los responsables. A la mayoría de las personas generalmente no les gusta asumir su responsabilidad, es más fácil culpar a otros. Es cierto que varias decisiones que influyeron en la crisis norteamericana obedeció a que se dieron muchos préstamos cuyas garantías inmobiliarias no cubrían dichos valores, pero también hay que destacar la avalancha de gente que se endeudó con préstamos que no podían pagar.

Al ver que sus deudas eran más grandes que el valor de sus propiedades y sus cuotas más grandes que sus ingresos, muchos decidieron abandonar sus casas y entregarlas.

La historia se repite una y otra vez. Si adquirimos un préstamo por una cantidad que está fuera de nuestra capacidad para pagarla y el banco aun así nos aprueba dicha cantidad, cuando caemos en atrasos y no podemos pagar, entonces es que razonamos que el banco debió darnos una tasa de interés más baja, que el plazo del préstamo fue muy corto y mil excusas, con el fin de evadir nuestra responsabilidad. Ya lo he visto a lo largo de mi carrera profesional, tal como es el caso que te comento a continuación:

¡Los Bancos son los culpables, no Yo!- Así me respondió un cliente cuando le informaba que su solicitud de crédito no había sido aprobada porque presentaba atrasos significativos con otras empresas en su reporte de crédito. Cuando le pregunté por qué él entendía que los bancos eran los culpables me contestó:

"Los bancos no son responsables de mis atrasos- me dijo más calmado- ellos son responsables de dañar mi historial por reportar en los buros de crédito la forma como les pago".

Me quedé pensando por unos segundos para tratar de entender lo que realmente sentía ese cliente y luego le pregunté amablemente:

-Señor, ¿usted tiene hijos? – Sí, dos- me contestó.

-¿Alguna vez les has dado alguna instrucción y lo han hecho a duras penas y de mala voluntad?

-¡Claro que sí!- me respondió

-¿Cómo se sintió?- volví a preguntar

-Mal -Fue su respuesta- y continuó diciendo:

-Mis hijos deben aprender que las cosas buenas deben hacerla voluntariamente y sin pretextos, para que puedan disfrutar el placer de hacerlo bien desde la primera vez y así no dependan de mi supervisión para entender cómo deben hacer las cosas. Si lo hacen así serán hombres y mujeres de un futuro promisorio cuando yo muera-

Entonces fue cuando decidí llevar al cliente al punto central y le dije:

-Exactamente ocurre lo mismo con los compromisos financieros, no se trata de solo PAGAR, que es lo que debe hacer todo buen deudor. Se trata de cómo pagas lo que determina si eres buen cliente en una institución financiera. Los bancos no solo miran que usted pago, sino la forma como lo hizo. Eso podría determinar si más adelante le volverían a prestar. Tal como usted decía de sus hijos, los clientes deben disfrutar el hecho de pagar a tiempo de forma voluntaria sin la necesidad de que el departamento de cobros esté llamándole o notificándole vía alguacil para recordarle el pago. Hacer los pagos sin necesidad de una gestión de cobros le hará un hombre con un buen futuro financiero tal como usted desea que sean sus hijos.

– Mientras me miraba fijamente a los ojos, continúe diciéndole: -entiendo que usted no debería culpar a los bancos por un comportamiento de pago que está bajo su responsabilidad. Usted decide si paga a tiempo o no. Sabemos que hay situaciones atendibles que pueden provocar en un momento diferentes atrasos, pero no debe ser la costumbre. Según su reporte, el 90% de los pagos que usted realizó estaban en atrasos con la mayoría de sus productos. Como se puede observar, es un comportamiento repetitivo que dio como resultado la negación de su crédito.

Mi cliente se quedó pensando por unos minutos y luego me dijo:

-Tienes razón, es cierto que en algunas ocasiones tenía el dinero para hacer el pago a tiempo, pero calculaba que si lo invertía en materias primas podría sacarle más beneficios y aunque pagara el préstamo con mora generaría más ingresos. Pensé que el interés del banco es que pague, mientras más intereses moratorios más gana el banco, pero al parecer estaba en un error-

-Así es- le dije- cada vez que usted se atrasa enciende las alarmas del banco y el departamento de cobros entra en acción porque entiende que no está pagando por alguna dificultad.

-Muchas gracias-me dijo el cliente - entendí la lección. Iré a los bancos donde ya he tenido negociaciones y le explicaré a mi ejecutivo para que me dé una nueva oportunidad.

> **$** *"El buen uso de la deuda podría catapultarnos como empresarios y hombres exitosos o bien, podría hundirnos para siempre en la más profunda miseria"*

Así terminó la reunión con uno de mis clientes cuando me desempeñaba como gerente de crédito en una institución bancaria. Y esa es la realidad, muchos de nosotros entiende que los demás son responsables por las malas decisiones que tomamos. No nos gusta asumir nuestra responsabilidad cuando las cosas no salen tal como la planeamos. Cuando se trata de administrar deudas hay que ser muy cuidadoso, especialmente si dichas deudas son con empresas del sector financiero. El comportamiento de pago va a determinar si en un futuro nos volverán a prestar. Lamentablemente en estos países latinoamericanos la deuda es indispensable para poder alcanzar nuestras metas financieras.

El buen uso de la deuda podría catapultarnos como empresarios y hombres exitosos o bien, podría hundirnos para siempre en la más profunda miseria. Todo se trata de la forma como la administremos.

Es triste decir que no todos están preparados para administrar deudas o créditos. De igual modo muchos no están preparados para administrar el éxito, aunque resulte extraño, es la realidad.

Hay personas que el éxito le ha llegado de la noche a la mañana, ya sea porque han heredado una fortuna, se han casado con alguien de mucho dinero o simplemente se han ganado la lotería. En internet hay cientos de historias de personas que teniendo el éxito en las manos, se les va y la razón es la misma. Se requiere de mucha disciplina y fuerza de voluntad para mantener una vida de éxito. De igual manera, se requiere mucha disciplina y voluntad para poder cumplir en un rango determinado de tiempo un pago continuo por una facilidad de crédito".

EL DINERO Y NUESTRAS EMOCIONES

Hablar o escribir sobre la administración del dinero no es tan fácil, porque cuando mencionamos el manejo del dinero, necesariamente hay que referirse a nuestras emociones. Lo vemos a diario, sabemos que el sentimiento que nos embarga cuando recibimos dinero no es el mismo sentimiento que tenemos al momento de pagarlo, ¿por qué esa diferencia? Sencillamente porque nuestras emociones no están educadas en términos financieros para aceptar que los compromisos de pago son parte normal del ciclo del efectivo. Es decir, te sientes feliz cuando recibes dinero y no debes de tener tristeza cuando vas a pagarlo.

El asunto es que cuando hacemos un compromiso financiero y recibimos aquello que originó el compromiso, entiéndase, una casa, un automóvil, mobiliario o dinero en efectivo, sentimos una sensación de felicidad y prosperidad que creemos será eterna.

Toda esta sensación desaparece cuando analizamos que nuestros ingresos no son suficientes para satisfacer ese compromiso que en su inicio nos dio tanta felicidad y alegría. Cuando comenzamos a recibir llamadas de cobros, mini mensajes en los móviles y cartas de intimación de pago es que razonamos que tal vez nos apresuramos en asumir esa deuda o no calculamos bien si nuestros ingresos eran suficientes para satisfacer esos compromisos. Quizás nuestra indisciplina en los gastos nos ha llevado a serios atrasos en los pagos.

Pudiera ocurrirnos como el cliente que nos visitó, quien pensaba que atrasarse y pagar cargos por mora era una buena idea pues el banco recibiría más ingresos, pero la realidad no es esa.

Otras personas van más lejos y cuando están atrasadas en el pago de sus cuotas descubren que la tasa de interés que están pagando es alta, pero no pensaron así cuando entraron en ese vehículo precioso y el olor a nuevo nubló sus sentidos o cuando vieron ese apartamento y la sensación de seguridad de tener "Casa propia" dominó su corazón. Tal vez te emocionaste cuando el banco te entregó esa tarjeta "Platinum o Gold" que te da cierto prestigio cuando la usas delante de tus amigos. Pero ahora descubres que era una trampa, una bola de nieve y tus ingresos apenas te alcanzan para cubrir los altos intereses de la tarjeta. Al final repito la pregunta: ¿Realmente son los bancos los culpables?

Por los años de experiencia que tengo manejando créditos desde la banca formal tanto a empresas como a personas físicas, me he dado cuenta que la principal causa de los atrasos que presentan los clientes, especialmente los tarjetahabientes no ha sido por culpa de los bancos o de la persona o institución que concede el préstamo. Las instituciones de intermediación financiera, entiéndase: Bancos, Corporaciones de Crédito, Financieras reguladas, existen con un propósito bien definido y voy a expresarlo en forma simple. "Canalizar el dinero de las personas que tienen hacia las personas que no tienen".

Es decir, los bancos reciben el dinero de los ahorrantes y a cambio el banco le paga una tasa de interés que se denomina "Tasa Pasiva" por un determinado tiempo. Luego el banco debe colocar ese dinero en el mercado a una tasa superior al que están pagando a los ahorrantes, esa es la tasa que nos cobra el banco por los préstamos que nos concede y se llama "Tasa Activa". Es un negocio bien simple, comprar dinero a un precio y venderlo a otro precio. Es como vender aguacates, tú los compras a $5, los colocas en tu inventario y luego los vendes a $8. El problema está cuando ya tienes varios días con los aguacates y aun no se venden todos; para que no se deterioren, los ofreces a un precio más bajo, digamos a

$7 o $6 dependerá de la cantidad de aguacates que tengas en inventario. Lo mismo ocurre con los bancos, ellos están pagando por un dinero que está guardado en sus cuentas. Cada día que pasa es sinónimo de dinero que el banco está pagando a los ahorrantes, por lo tanto debe colocar ese dinero en el mercado lo más pronto posible. Cuando las metas de colocación de préstamos están bajas, entonces es tiempo de reducir el "Precio". Es decir, bajar la tasa de interés para que más personas puedan tomar préstamos y así poder cumplir con el pago de los ahorrantes.

Esos préstamos se ofrecen por medio de todos los productos que la banca tiene: tarjetas y líneas de crédito, financiamiento de vehículos, compra de viviendas entre otros. Realizan una campaña bien agresiva a fin de que ese dinero pueda ser colocado en el mercado. Por eso es que en ocasiones recibimos tantas llamadas ofreciéndonos tarjetas de crédito y otros productos.

Si te das cuenta, el banco está haciendo su trabajo, ofrecer dinero para que la empresa crezca. Ellos no nos obligan a tomar dinero, simplemente nos presentan una oportunidad de negocio que está en nosotros aceptarla o rechazarla. Es nuestra decisión, no la del banco.

El problema está, cuando esta propuesta nos llega mediante una campaña que toca lo más profundo de nuestros sentimientos y muchas veces caemos en la tentación de tomar préstamos o tarjetas sin tener un plan de inversión para esos recursos. Entonces ocurre como dice el refrán: "Mente ociosa, taller del diablo"; yo diría, "Dinero ocioso, dinero mal gastado".

EL PRESUPUESTO VS NUESTRAS EMOCIONES

Es un peligro tener recursos económicos y no saber de forma clara como invertirlo, más cuando somos emocionalmente débiles con los gastos. Después que estamos endeudados hasta la saciedad, es que nos enteramos que estamos pagando muchos intereses. Entonces comenzamos a presentar atrasos y por lo tanto nuestro "Score" o puntaje de crédito comienza a bajar y las llamadas de cobros son más frecuentes hasta desesperarnos. Todo por una simple decisión de aceptar o buscar dinero sin hacer un presupuesto responsable, sin identificar nuestras fuentes de ingresos, la distribución de los gastos e inversiones y sin conocer nuestra capacidad de pago.

Pero algo peor que esto, es buscar o recibir dinero sin tener control emocional de nuestras acciones. *Puedes tener el mejor presupuesto del mundo, conocer bien tus fuentes de ingresos, gastos, inversión y capacidad de pago, pero si no estás emocionalmente educado para manejar recursos financieros, de nada sirve.*

Es una combinación que debe ir a la par, una buena planificación financiera y buen control emocional. Una es el soporte de la otra. La mayoría de las personas que están sobre endeudados con préstamos y tarjetas de crédito es por la falta de control emocional más que por el presupuesto. Este solo nos dice lo que debemos hacer, pero la decisión de cuándo y cómo hacerlo es nuestra.

El mejor ejemplo lo tenemos cada vez que nos vestimos y vamos a salir de nuestras casas, normalmente nos miramos al espejo y éste nos dice que la corbata no combina con la camisa. El espejo no nos quita la corbata, simplemente nos muestra lo que debemos hacer. Si salimos a la calle con esa corbata que no nos combina no podemos culpar al espejo de ello, fue nuestra decisión mantenerla puesta. Lo mismo ocurre con los préstamos y tarjetas de crédito en relación con el presupuesto y nuestras emociones. El presupuesto nos dice hasta dónde podemos tomar prestado, nos dice si podemos pagar y hasta qué cantidad.

Pero nuestros pensamientos y emociones determinan si le hacemos caso. No podemos culpar al presupuesto o al banco cuando nuestras tarjetas o préstamos están atrasados.

"Es un peligro tener recursos económicos y no saber de forma clara como invertirlo, más cuando somos emocionalmente débiles con los gastos"

Cada consumo que se hizo fue responsabilidad exclusiva nuestra por dejarnos llevar de las emociones y no pensar de forma adecuada en el momento del gasto. Lo que ocurre es que cuando estamos bajo la presión de un grupo de amigos o de chicas hermosas nos cuesta decir: "Esto no lo puedo comprar" o "prefiero comprar este objeto porque está acorde a mi presupuesto".

Expresarnos de esa manera nos da vergüenza y no los culpo, yo también pasé por esa experiencia muchas veces. Desde mi temprana edad viví una vida de restricciones económicas y me avergonzaba no poder tener algunas cosas que mis amigos tenían.

MI PRIMERA EXPERIENCIA CON EL USO DEL CREDITO

Como te comenté al principio del libro, mi padre era fabricante de muebles y colchones, todos mis hermanos y yo trabajábamos con él, además de varios empleados. Sus productos se vendían a diferentes tiendas de la ciudad y del interior del país. Era un negocio rentable dentro de su capacidad. El asunto que me inquietaba era que además de maltratar mis manos en la fabricación de los productos, ni yo, ni mis hermanos teníamos salario formal. Como todo era "Nuestro", simplemente veía como mi padre les pagaba a los empleados y a nosotros nos decía que si teníamos alguna necesidad de ropa o calzado se lo hiciéramos saber para así tomar un crédito en la tienda y descontarlo de la venta de sus productos. De esa manera nos compraba los útiles escolares, ropas y las cosas que como jóvenes y adolescentes necesitábamos.

Para ser justo, puedo decir que teníamos todo lo que necesitábamos para llevar una vida normal. El problema era que como adolescente yo necesitaba más que la satisfacción de mis necesidades básicas. Yo quería dinero para gastar, salir con amigos, comprar helados, entre otras cosas. Mi padre fue bien comprensible y luego nos pagaba un pequeño salario semanal, no era como el de los demás empleados, pero ayudaba en mis "gastos".

Una vez que cumplí 18 años ya el dinero que me proporcionaba mi padre "no me alcanzaba" y tan pronto adquirí la mayoría de edad encontré un empleo fuera del negocio de mi padre con mucho más ingresos.

Cuando tenía más de 6 meses laborando me llamaron de un banco para ofrecerme una tarjeta de crédito, inmediatamente le dije que sí. Les llevé mi carta de ingresos y en asunto de tres días ya tenía mi primera tarjeta con un límite un poco superior a mi sueldo mensual. Les confieso que me sentí muy bien cuando vi mi nombre impreso en ese plástico brillante con el logo del banco.

Sentí una sensación de libertad e independencia paterna al adquirir lo que yo quisiera sin contar con la aprobación de mi padre. Me parecí bastante al hijo prodigo que relata la Biblia. A diferencia de que no le pedí a mi padre la herencia, solo le pedí libertad cuando decidí trabajar de forma independiente. Ahí comenzó mi desgracia en términos financieros. Ya tenía "dinero" disponible, aunque no tuviera nada en los bolsillos. Así que cuando llegaba el fin de semana que tenía que salir con los chicos de mi iglesia, siempre íbamos a la calle el Conde de la zona colonial. En esa época era uno de los mejores lugares para salir a compartir en un buen ambiente, muchas pizzerías, restaurantes y lugares de sana diversión.

Recuerdo la primera vez que usé mi tarjeta de crédito, no podré olvidarlo. Llegó la hora de pagar, todos tenían sus aportes en efectivo, yo me quedé de último y coloqué mi tarjeta sobre la mesa. Todos me miraron sorprendidos porque ninguno de ellos tenía una, alguien me sugirió que pagara la totalidad de la cuenta y que me quedara con el efectivo y en cuestión de segundos, como por arte de magia ya tenía todo lo consumido pago y también tenía dinero en mis bolsillos. Me sentí bien y mucho mejor porque en el grupo había una chica que me atraía, a quien pude impresionar.

Ese dinero que recibí, el cual debió usarse para pagar la tarjeta, lo usé en otras cosas y ahora tenía no solo la deuda de mi consumo, sino la deuda de un grupo de doce personas y el efectivo gastado. Eso ocurrió varias veces durante varias semanas, hasta que hice de eso un hábito. Al principio pagaba completamente la tarjeta cuando recibía mi salario y la volvía a usar hasta la próxima quincena, haciendo un ciclo que se volvió normal. Pero ahora cuando salía con un grupo de amigos me acostumbré a tomar el efectivo de mis compañeros y pagar la totalidad del consumo con mi tarjeta. De ese modo el balance iba en aumento cada vez más y más. Después sentí la necesidad de un vehículo, así que pedí otra carta de trabajo y solicité un préstamo al banco y en tres días me aprobaron el préstamo y pude comprar mi primer vehículo. Ahora tenía tarjeta de crédito, vehículo y una chica que me gustaba. ¡Tremenda tripleta!

> **"Puedes tener el mejor presupuesto, conocer bien tus fuentes de ingresos, gastos, inversión y capacidad de pago, pero si no estás emocionalmente educado para manejar recursos financieros, de nada sirve"**

Sin transcurrir mucho tiempo nos hicimos novios y mensualmente tenía que disponer de dinero para pagar la tarjeta, pagar el préstamo del vehículo, costear los gastos de la universidad, pagar combustible y salir con mi novia. Todo parecía hermoso, el único problema era que ya mi salario no alcanzaba para tantas cosas.

Entonces fue cuando comencé a tener atrasos en mi tarjeta de crédito, recibía llamadas de cobranzas, tuve que reducir las salidas con amigos, se incrementaron los desacuerdos con mi novia que nos llevaron a terminar la relación; en fin, mi castillo de naipes estaba desplomándose y para completar mi "suerte" hicieron una reducción de personal en mi trabajo y quedé sin empleo.

Ahora con deuda de tarjeta de crédito, de vehículo, de universidad, sin trabajo y sin novia, pero con el consuelo de muchos momentos felices en compañía de amigos y de una chica hermosa. De pronto esos recuerdos de felicidad se tornaron de infelicidad cuando después de ser evaluado en una institución bancaria y aprobar la posición para subgerente, fui rechazado, razón: **MAL HISTORIAL DE CREDITO.**

En ese momento comprendí la profundidad del problema en el que estaba. Te comento que culpé y maldije al banco que me dio la tarjeta de crédito por reportar mi mal historial en los burós, motivo por el cual había perdido la oportunidad laboral, así como hizo el cliente que atendí muchos años después. Pues ahora tenía deudas ¡Pero, cómo pagarlas si en las empresas no me daban trabajo por mi mal historial!

Al meditar sobre esto reflexioné y como el hijo prodigo volví a trabajar con mi padre, sin tomar en cuenta cuánto se maltratarían mis manos a fin de comenzar a pagar esas deudas. Con esto aprendí que *"Cuando obtienes las cosas en base a esfuerzo y sacrificio las valoras más"*.

Luego de varios meses de volver a trabajar con mi padre y gracias a una recomendación de un amigo logré conseguir un mejor empleo con mejores ingresos y así pude saldar todas mis deudas. Fueron momentos tristes, pero aprendí la lección. *"El banco no era el culpable de mi desgracia"*. El único responsable era yo por no controlar mis emociones y usar dinero del banco para satisfacer mis deseos egoístas.

Porque cuando usamos dinero de la tarjeta de crédito, estamos usando deuda. Dinero ajeno que más tarde debemos pagar, hice un mal hábito del gasto y no pude cumplir con mis compromisos financieros adecuadamente. Lamentablemente tuve que sacrificar varios años de mi vida para pagar, que pudieron ser aprovechados para otras actividades. Y esa es la realidad. Entonces surge la pregunta: ¿debí rechazar la tarjeta de crédito? ¿Fue la tarjeta responsable de mi desorden financiero? ¿No debí comprar un vehículo?

> **$** *"Cuando obtienes las cosas en base a esfuerzo y sacrificio las valoras más"*

¿Era el banco culpable de mi desgracia? La respuesta a todas estas preguntas es un rotundo ¡NO!

Simplemente debí tener más dominio emocional de mis gastos y aferrarme a un presupuesto aunque eso me costara algunas salidas con amigos o con mi novia. Se le atribuye al famoso inversionista norteamericano Warren Buffett la frase que dice:

"Quien no puede controlar sus emociones, no podrá controlar su dinero".

Eso es una realidad. Normalmente una persona que tiene desórdenes financieros, también tiene desordenes emocionales. Deciden más por lo que les gusta que por lo que necesitan. Es por eso que muchas personas aunque tienen un presupuesto bien elaborado no los cumplen. Porque deben educar primero sus emociones y luego sus finanzas.

CUANDO REALMENTE NO SOMOS RESPONSABLES

No quiero ignorar aquellas personas que también tienen problemas financieros, pero por razones distintas a las que he mencionado, tal vez pensarán que estoy siendo injusto con ellas. Probablemente esté leyendo este libro alguien con un dominio emocional sólido, con una cultura de pago excelente y con un presupuesto brillante. Sin embargo las situaciones y embates de la vida le han dado tan fuerte que ha tenido que dejar de cumplir con sus compromisos financieros.

No sé cuál ha sido tu situación, tal vez una enfermedad, un accidente, un robo o cualquier otro evento que estuvo totalmente fuera de tu control se interpuso con el cumplimiento de tus compromisos financieros. Permíteme decirte que la vida está llena de situaciones que solo Dios sabe por qué ocurren. Muchas veces, al final nos damos cuenta cuál era el verdadero plan de Dios para nosotros. Los hombres muchas veces no entienden el por qué, solo piensan en el dinero. Los sistemas de puntaje crediticio no son emotivos, no razonan. Simplemente suman, multiplican, dividen y restan. No comprenden por qué llegaste hasta ahí o por qué estás atrasado y lo has perdido o estás a punto de perderlo todo. Pero una cosa si te puedo decir con toda seguridad y es que Dios está al tanto de tu situación y no te dejará donde estás sin confías en él. Observa lo que te dice en su palabra:

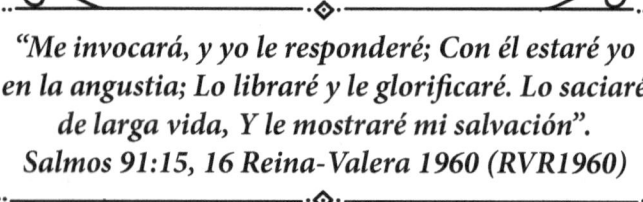

"Me invocará, y yo le responderé; Con él estaré yo en la angustia; Lo libraré y le glorificaré. Lo saciaré de larga vida, Y le mostraré mi salvación".
Salmos 91:15, 16 Reina-Valera 1960 (RVR1960)

El asunto es confiar y reconocer que hay situaciones que Dios permite que ocurran con un propósito. Quizás no tengas una explicación lógica en este momento, pero no debes rendirte. Dios estará a tu lado y no permitirá que llegues más lejos de lo que puedas aguantar, espera la respuesta de Jehová tal como esperó David cuando escribió lo siguiente:

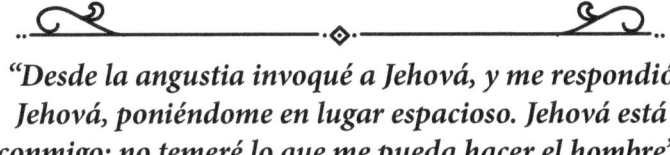

"Desde la angustia invoqué a Jehová, y me respondió Jehová, poniéndome en lugar espacioso. Jehová está conmigo; no temeré lo que me pueda hacer el hombre".
Salmos 118: 5, 6 Reina-Valera 1960 (RVR1960)

CAPITULO 5

COMO CREAR UN BUEN HISTORIAL DE CREDITO

"No tener historial de crédito puede ser tan perjudicial como tener un mal historial"

Melvin Féliz
Consultor financiero y conferencista internacional

C uando escribí este capítulo me desempeñaba como director asociado de programación en la emisora Radio Amanecer Internacional, que transmite en los 98.1 FM para el gran Santo Domingo y en www.radioamanecer.org para el mundo por medio del internet. Allí tenía la responsabilidad de presentar cada jueves la sección de finanzas dentro del programa La Ruta de la Esperanza. Después de mi exposición abríamos los micrófonos al público para que cada oyente hiciera su pregunta sobre el tema del momento. Ese día mi disertación era sobre el historial de crédito y su impacto en nuestras finanzas.

Increíblemente el panel de llamadas se llenó de inmediato y surgió la primera pregunta:

P- Soy aspirante a empresaria ¿Qué debo hacer para crear mi historial de crédito?

R- Es bien simple -le dije a la oyente- Usted debe tener algún producto o servicio con las empresas afiliadas a los diferentes buros de información crediticia y pagarlo adecuadamente.

P- ¿Cómo así?- me replicó- ¿Significa que debo tomar un préstamo aunque no necesite el dinero?

R- No necesariamente. -Le respondí-. Años atrás, los bancos solamente tenían acceso a reportar su historial en los diferentes burós de información crediticias. Esto hacía que para usted crear su historial era necesario tomar un préstamo o una tarjeta de crédito. Aunque esta es una forma de crear un historial, en la actualidad la gran mayoría de empresas que ofrecen productos y servicios a crédito, no vinculadas al sistema financiero, están afiliadas a los burós y reportan su comportamiento de pago. Por ejemplo: El servicio de energía eléctrica, las telecomunicaciones, tiendas por departamentos, centros educativos, Inmobiliarias, etc. Si en algún momento usted solicita a un banco cualquier servicio, ellos pueden ver como usted le paga a estas empresas.

P- ¿Es decir que si presento atrasos con algunos de estos pagos, aunque no sea con los bancos podría afectar mi historial?

R- Por supuesto que sí, por esa razón es que debemos tener cuidado con las fechas de pago. Si tenemos la posibilidad de pagar a tiempo, no debemos postergarlo. Ahora bien, si usted quiere abrir crédito directamente con el sector bancario y no le interesa tomar un préstamo con una alta tasa de interés, una estrategia es abrir un certificado de depósito por un corto tiempo, luego tomar un préstamo con su certificado en garantía, la tasa de interés que le van a dar será ligeramente más alta que la de su certificado. Después de varios meses usted cancela el préstamo con el certificado y habrá creado un historial. Sabemos que los intereses que vas a pagar por el préstamo no van a compensar lo que le pagaron por el certificado, pero de todos modos esa pequeña diferencia es el precio a pagar para crear un historial que más adelante te va a beneficiar.

Así terminó una de las tantas llamadas que recibíamos cada jueves. Y es así, la gente siempre muestra un especial interés en los temas de finanzas personales. La razón es muy simple, hay mucho desconocimiento sobre estos aspectos y en las universidades solo nos enfocamos en aprender cómo manejar las finanzas de otros, pero no las nuestras. La gente ya está despertando y está buscando informaciones por otras fuentes que le puedan ayudar en su vida financiera. Alguien dijo en una ocasión: *"Tener un buen crédito es igual que tener dinero"* y aunque esta expresión parezca excluyente es una realidad. Y no solo me conformo con el hecho de pensar que tener buen crédito es igual a tener dinero, creo que tener buen crédito en esta época del siglo es tener la oportunidad de mejorar tu vida financiera. Pero no me refiero a una mejoría pasajera o momentánea, sino una mejoría que pudiera transferirse hasta la segunda, tercera y cuarta generación. Cuando tienes crédito, tienes la oportunidad de aprovechar oportunidades que otras personas no están en condiciones de obtener.

Quizás pienses que eso no es posible, pero es así. Por lo que espero que al concluir este capítulo tengas otro punto de vista.

¿POR QUE EL CREDITO ES INDISPENSABLE PARA LOS FUTU-ROS EMPRESARIOS?

Ese día amaneció lloviendo, llegué un poco tarde a mi oficina y tan pronto me recliné en el sillón recibí una llamada de la secretaria diciéndome que tenía a una persona esperando. Luego de cumplir el protocolo, es decir, conocer su nombre, de qué empresa venia y el propósito de su visita decidí recibirle para que me comentara sobre su situación.

-¡Buenos días Sr. Féliz! – Muy buenos días- le respondí, estrechándole la mano e invitándolo a tomar asiento.

-¡Muchas gracias! bueno, el propósito de mi visita por aquí se debe a que necesito un préstamo.

-¡Qué bien! – Le dije- has llegado al lugar indicado.

-¡Así es! - me replicó- un amigo me recomendó que viniera hasta donde usted porque en esta empresa tienen facilidades de crédito a una baja tasa de interés y apoyan a los microempresarios.

-Tienes toda la razón. Le agradezco por tomarnos en cuenta para esa decisión. Me pudiera decir ¿a qué se dedica su empresa y cuál es el propósito del préstamo?

-Ehh- pensó un poco- Quiero iniciar un pequeño negocio de comida rápida y necesito el capital para ponerlo en marcha, para eso necesito la suma de US$100,000.00.-

-Muy bien, le felicito por tomar esa iniciativa. Pero antes es bueno que nos conozcamos un poco. ¿A qué se dedica actualmente?

-Tengo más de 20 años como empleado privado en una empresa que se dedica a la fabricación de productos químicos, tengo un buen salario pero ya estoy cansado de trabajar para otro. Además estoy muy molesto porque la posición que me correspondía se la dieron a un familiar de los dueños, ya tengo 55 años de edad y no estoy para estar recibiendo humillaciones, voy a renunciar. Además escuché a una persona hablando por la radio sobre crear su propio negocio y he venido hasta aquí para dar el salto de fe.

-Muy buena decisión la de instalar su propio negocio, sin embargo hay otros factores que es bueno conocer para su propio beneficio. ¿Tiene algún capital ahorrado para dar inicio a su proyecto?

-No- me dijo.

- ¿Usted ha emprendido otras actividades comerciales además de este proyecto que desea iniciar?

-Tampoco. Contestó a mi pregunta. Lo único que he hecho es trabajar para esa empresa toda mi vida.

- ¿Cómo está su historial de crédito?

-¡Muy Bueno! Nunca le he tomado dinero prestado a nadie, me han llamado para ofrecerme tarjetas y siempre les digo que no las necesito. Estoy limpio.

Al decirme esta última parte, sabía que nuestra conversación ya estaba llegando a su final. Luego le dije amablemente:

-De acuerdo a las informaciones que usted me ha suministrado es bueno que escuche atentamente estas recomendaciones que le voy a dar. Antes de todo, le felicito porque usted tuvo el valor de venir hasta aquí para hacer negocios y dar el salto de fe. Sin embargo debo recomendarle algunas cosas para que puedas tener éxito en su proyecto. La idea de tener su propio negocio es fabulosa, pero es necesario crear las bases para que éste pueda dar los resultados esperados. Una de las cosas que debes tomar en cuenta es que usted necesita a una persona con la experiencia necesaria en el tipo de negocio que desea instalar. Recuerde que su mayor experiencia ha sido como empleado, como empresario las cosas son muy distintas. Otro factor a tomar en cuenta es que instalar un negocio debe ser una decisión planificada, no es solo con recursos económicos que se pone en marcha una empresa. Las instituciones bancarias antes de financiar cualquier proyecto necesitan saber qué cantidad de dinero va a aportar el solicitante porque no es costumbre financiar la totalidad de los proyectos, debe tener un ahorro para tales fines. Y por último y no por eso menos importante es acerca de su historial de crédito. Para los fines de evaluación de crédito, una persona que no tenga historial crediticio pudiera tener un margen amplio de riesgo para el otorgamiento de un préstamo como una persona con mal historial. Me explico, el crédito abre puertas. Para su proyecto la falta de experiencia en los negocios pudiera ser suplida con alguien de su confianza que maneje bien el tipo de negocio que desea instalar, aunque siempre es bueno que inicie primero con pequeños negocios para que vaya tomando la dinámica del servicio al cliente, comprar, vender, cobrar, entre otras cosas. El capital inicial para hacer despegar el negocio solo era un asunto de conseguirlo, ya sea vendiendo un activo, buscando un socio o con sus mismas prestaciones laborales en caso de que pierda el empleo. Pero el historial de crédito es un asunto que se construye con el tiempo y de forma escalonada. Para solicitar la suma que usted necesita, el departamento de análisis va a considerar los montos que usted ha manejado en préstamos o tarjetas y en función de este comportamiento toma la decisión de aprobarle la solicitud o rechazarla. La debilidad que observo en su proyecto es más por asunto del historial, que por las otras cosas que le he mencionado.

- Usted me ha dejado sorprendido, nunca me habían explicado el asunto de los negocios tan claramente. Al parecer aun me queda un gran trabajo por hacer antes de lanzarme con mi proyecto.

-Me dijo el señor motivado-. Ahora mismo solicitaré una tarjeta de crédito de un monto pequeño para iniciar con mi historial, además crearé un pequeño ahorro y en unos meses nos volveremos a ver.

- Así será y le recuerdo que las puertas de esta empresa siempre estarán abiertas para personas como usted que desean tomar el control de sus vidas financieras.

NO TENER CREDITO VS TENER MAL HISTORIAL

Este suceso que acabo de contarte ocurre diariamente en las diferentes instituciones financieras de nuestro país y el mundo. Muchas personas quieren iniciar sus propios negocios, pero no tienen las bases necesarias para que sus proyectos sean apoyados. En nuestro caso, el solicitante a pesar de ser un excelente empleado, debía hacer un trabajo antes de solicitar el préstamo y tal como ocurrió en la entrevista salió con la determinación de hacerlo. Muchas personas entienden que es un "logro" no tener préstamos o deudas con entidades financieras y lo expresan como si fuera un trofeo. Ese tipo de pensamiento lamentablemente no ofrece las condiciones para que un empresario se desarrolle y ponga en marcha un proyecto de inversión. No quisiera que me mal interpretes, permíteme explicarme de otra manera. Para iniciar un proyecto de inversión, en este caso un negocio, no es financieramente sabio usar todo tu capital y ponerlo en riesgo. Lo que procede es distribuir ese riesgo en vez de concentrarlo. Cuando tomas dinero de otras personas (DOP) ya sea de un banco, un socio u otras personas, estás distribuyendo el riesgo de modo que si pierdes, no lo pierdes todo. De igual manera, si ganas deberás distribuir las ganancias entre todos.

> **$ "Tener un buen crédito es igual que tener dinero"**

Si es al banco, pagarle sus intereses y si es un inversionista pagarle sus dividendos. De hecho, los bancos no son los dueños del dinero que te prestan, los bancos usan DOP (dinero de otras personas). Es decir, dinero de sus ahorrantes. Ese dinero le da poder para continuar con el ciclo del efectivo y hacer que el dinero circule. La mayoría de las personas piensan que los bancos son ricos y hasta cierto modo lo son, pero ese poder de riqueza se obtiene mediante el dinero que tienen depositado de sus ahorrantes. Si tu negocio va bien, podrás pagarle al banco y el banco le paga a sus ahorrantes e inversionistas. Por eso los organismos regulatorios les exigen a los bancos segmentar su cartera de clientes, para que distribuyan el riesgo. Si pensamos bien el asunto, nosotros podemos usar la misma filosofía de los bancos. Usando de manera sabia el DOP y hacer que el negocio sea una fuente de beneficios para todos.

Las grandes empresas transnacionales y los países que hoy son potencia mundiales han llegado hasta ahí porque saben usar los créditos a su favor. No tener un historial de crédito puede ser tan perjudicial como tener un historial de crédito dañado. Es que en ambos casos se afecta un elemento que es indispensable para la toma de decisión al otorgar un préstamo: la confianza.

El banco piensa de la siguiente manera: ¿Cómo yo sé que me vas a pagar si no tengo evidencia física de que ya has manejado ese tipo de responsabilidad? O se formula otra pregunta: ¿qué garantías tengo de que me vas a pagar, cuando los créditos que has tomado no han sido satisfechos de la manera adecuada? En ambos casos, hay un problema de confianza. Antes del tipo de garantía que puedas ofrecer, las instituciones financieras toman especial atención en dos aspectos que son:

1) Tus niveles de ingresos para determinar tu capacidad de pago y

2) Tu historial de crédito para determinar si eres responsable con tus compromisos.

Entonces es como dice el refrán: "La mujer del César no solo tiene que ser seria, si no aparentarlo". En asuntos bancarios es más importante lo que puedas demostrar, que lo que puedas decir.

Tu historial de crédito es la primera carta de presentación que tienes si piensas entrar al mundo de los empresarios. En cualquier proyecto de inversión siempre se recomienda no invertir todo el capital que tienes, pues aunque tengas mucha experiencia siempre habrá riesgos y debes tener un colchón financiero en caso de que algo salga mal. Trabajar con dinero de otras personas, mejor conocido como DOP, en el caso de los bancos, siempre será una buena opción para impulsar tu proyecto.

Es decir, que sin importar que tengas préstamo o no, por lo que te comentaba al principio de este capítulo, la manera como te manejas con todos los servicios básicos va creando un historial que al final se usará a tu favor o en tu contra. No es un secreto que las empresas de telefonía, cable, centros educativos y hasta inmobiliarias consultan en los burós de crédito antes de rentarte una propiedad, aceptar a tus hijos en el colegio, abrir una línea telefónica o algo tan simple como abrir una cuenta de ahorros.

Como está la situación hoy, es necesario poner especial atención a nuestro comportamiento histórico de pago. No cumplir con nuestros compromisos de forma adecuada, lamentablemente va en detrimento de nosotros mismos. En este tiempo, cuando nos atrasamos, ya no es solamente con la institución que nos dio el crédito, sino con todo el sistema económico y financiero del país.

CREDITO VS DEUDA

El crédito entra dentro de los aceleradores financieros de tu negocio. Un acelerador financiero consiste en poner aditivo a la empresa con la finalidad de aumentar su rendimiento como si fuera el motor de tu vehículo. Cuando pones gasolina regular, sabes que cantidad de kilómetros puedes avanzar bajo esas condiciones. Si estás conforme con el rendimiento, no tienes de que preocuparte, pero si lo que quieres es más potencia, mayor rendimiento por galón y más energía, entonces será necesario usar gasolina premium, poner un aditivo no solo al tanque, sino también a la transmisión, al aceite o cambiar los filtros.

Lo mismo ocurre con los negocios, ***no tiene sentido que un negocio se mantenga estático por tenerle miedo al crédito***. Todo lo contrario, el crédito usado sabiamente podría traer mucho más beneficio que tu propio capital. Aprovechar esa capacidad y tenerla siempre disponible nunca está demás.

El manejo de la deuda varía con respecto al crédito, puedes tener la mayor cantidad de crédito que te puedan dar. Eso no te compromete, sin embargo la deuda si hay que controlarla y supervisarla, pues cuando la tienes, ya hay una obligación de pago frente a terceros y aumenta el riesgo de tu negocio.

No es conveniente estar endeudado más de lo que se recomienda. Para eso hay indicadores financieros en materia de apalancamiento que se usan para tales fines. No es lo mismo tener la capacidad de levantar 100 kilos que estar levantando 100 kilos. Lo mismo ocurre que si el tablero de tu vehículo marca 320 kilómetros por hora, no significa que debas andar por las calles a esa velocidad. Si es necesario y las circunstancias te llevan a eso, tienes la posibilidad, mientras tanto hay que correr a velocidades donde puedas tener mejor control. Si se presenta una oportunidad de inversión que requiere endeudarte y los parámetros de retorno son garantizables, para eso está el crédito, hay que usarlo.

Siempre hay que manejarlo en los estándares racionales dependiendo el tipo de actividad que realices.

TENER MAL HISTORIAL VS TENER BUEN HISTORIAL

Hasta este momento he comentado sobre las bondades de crear un buen historial de crédito, pero ¿qué ocurre con aquellas personas que por circunstancias de la vida, por desconocimiento o por cualquier otra razón tienen su historial dañado? ¿Hay alguna solución que pueda encaminarlos hacia el sendero de los que tienen buen historial? ¡Por supuesto que sí! Y la única solución es: PAGAR.

Tal vez te resulte un poco duro e indiferente, pero la realidad es que las deudas hay que pagarlas. El sistema financiero es cruel e insensible para esas personas que no les gusta pagar.

> **$** *"No tiene sentido que un negocio se mantenga estático por tenerle miedo al crédito"*

El famoso analista financiero Alejandro Fernández les llama, "Los Leprosos Bancarios" porque una vez con su historial afectado resulta toda una odisea que el sistema vuelva a confiar en ti y te abran nuevos créditos.

Si te encuentras dentro de ese grupo será difícil que puedas despegar tu propio negocio, a menos que logres convencer a nuevos inversionistas que te confíen su dinero e inviertan en tu proyecto y puedas levantarte. Pero la idea que deseo transmitir es que no es sabio descuidar nuestro historial crediticio, debemos cuidarlo y si por alguna razón estuvo fuera de nuestro control y caímos en desgracia, es hora ya de levantarnos, quitar el polvo de nuestros vestidos y seguir adelante. Visita a todos tus acreedores, realiza acuerdos de pago y establece una meta. Con el tiempo verás los resultados.

CAPÍTULO 6

IDEAS PARA HACER REALIDAD TUS METAS FINANCIERAS

"El corazón humano genera muchos proyectos, pero al final prevalecen los designios del Señor"

Salomón
Proverbios 19:21 Nueva Versión Internacional (NVI)

iempre que estamos en víspera de un nuevo año, nuestras emociones están a flor de piel. Generalmente nos volvemos algo sensibles
y todo el ambiente nos motiva a pensar en las cosas que deseamos
cambiar. Cada día que transcurre nos encuentra inmersos en la noble
tarea de fijar objetivos relacionados con poner orden en nuestras vidas.
Es aquí cuando, una vez más, nos sentimos totalmente resueltos a orga-
nizar, entre otras cuestiones, nuestras finanzas personales.

Lamentablemente, cuando el nuevo año se va poniendo viejo y apenas
faltan pocos meses para que llegue a su fin, nos damos cuenta que los
objetivos planteados están lejos de hacerse realidad. Es entonces cuando
nos frustramos y descubrimos que todo se quedó en promesas y a pocos
días del nuevo año volvemos a resolutar los objetivos que no pudimos
cumplir, convirtiéndose todo esto en un círculo repetitivo de cada año.

Se le atribuye al famoso científico Albert Einstein la expresión:

*"Locura es repetir lo mismo una y otra vez, esperando resultados dife-
rentes"*

Si te has propuesto alguna meta financiera en tu vida y no has podido
alcanzarla, es hora de cambiar ciertos aspectos para que esa promesa se
convierta en un hecho real.

Antes de todo, voy a compartir contigo un verso de las Sagradas Escrituras que frecuentemente lo utilizo cuando voy a disertar sobre este
aspecto:

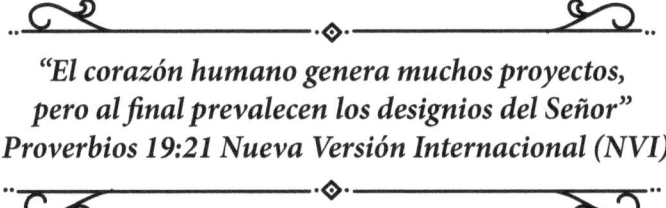

"El corazón humano genera muchos proyectos,
pero al final prevalecen los designios del Señor"
Proverbios 19:21 Nueva Versión Internacional (NVI)

Es bueno señalar que mientras estemos en esta tierra, los planes del hombre no son absolutos. Alguien me dijo en una ocasión que "El hombre propone, pero Dios dispone". El hecho de que planifiquemos humanamente nuestro futuro financiero no significa que vamos a tener todo bajo control. Los que somos creyentes tenemos una autoridad superior que al final aprueba nuestros planes de acuerdo a lo que nos conviene. En nuestro mundo de imperfección, no vamos a esperar que nuestros planes financieros sean perfectos. Tampoco vamos a caer en el otro extremo de decir: Como "Al final prevalecen los designios del señor" dejemos todo a la providencia y no realicemos nuestros proyectos. Este sería un error muy peligroso, pues *el descuido y la falta de planificación no forman parte de las enseñanzas divinas.* De hecho, el mismo Jesús en una ocasión dijo:

"Porque ¿quién de vosotros, queriendo edificar una torre, no se sienta primero y calcula los gastos, a ver si tiene lo que necesita para acabarla? No sea que después que haya puesto el cimiento, y no pueda acabarla, todos los que lo vean comiencen a hacer burla de él diciendo: Este hombre comenzó a edificar, y no pudo acabar".
Lucas 14:28-30 Reina-Valera 1960 (RVR1960)

La planificación es una herramienta indispensable para el logro de tus metas y alcanzar el éxito. De hecho la reconocida escritora norteamericana Elena G. White expresó en su libro La Educación página 262 lo siguiente:

"El éxito en cualquier actividad requiere una meta definida. El que desea lograr verdadero éxito en la vida debe mantener constantemente en vista esa meta".

De eso se trata, una "Meta definida", que nos indique hacia dónde vamos, si estamos llevando el rumbo correcto y en qué tiempo vamos a lograrlo. Para estructurar correctamente una meta y posteriormente se pueda convertir en realidad debe tener por lo menos estos aspectos:

 *Un plazo de realización.*

Muchas de nuestras metas no son alcanzadas porque no la proyectamos en el tiempo. Al no tener un plazo para su realización no podemos medir cuán cerca o lejos estamos de alcanzarla. Recuerda, el plazo debe ser razonable.

Digamos que una meta podría ser realizar una maestría, el plazo para concluir tus estudios no debería exceder la media común para esta actividad, es decir dos años. Dentro de este tiempo hay otras variables que deberías considerar que podrían afectar el plazo, como por ejemplo: Fuente de recursos para costearla, la disponibilidad de horarios, medios de transporte, entre otros.

 *Debe ser cuantificable.*

No es suficiente establecer un plazo para lograr tu objetivo. Si estableces una meta, deberías calcular el costo para alcanzarla. Conocer este aspecto, te dará una idea más clara si el tiempo que programaste es suficiente para reunir el dinero que necesitas. Digamos que tu meta es adquirir un carro nuevo en el plazo de un año. El valor del vehículo es de US$25,000.00 para eso necesitarás reunir el inicial en caso de que no puedas ahorrar todo el dinero para comprarlo al contado. Ahora deberás considerar otras variables tales como: tu capacidad de pago para asumir una cuota mensual, la estabilidad de tu empleo y/o empresa que va a pagar la deuda, tu historial de crédito, entre otras.

 *Debe ser medible.*

Durante el tiempo de programación para alcanzar tu meta, debes ir observando el avance obtenido en el tiempo. Si te fijas, en la mayoría de los sistemas operativos y programas de computadoras, siempre hay una barra de progreso que va indicando el porcentaje transcurrido durante la instalación. Es una estrategia muy sabia, pues le dice al usuario qué tiempo le queda de espera. Esto calma la ansiedad y mantiene la expectativa. Tu objetivo debe ir marcando una barra de progreso, es decir, en qué porcentaje vas del logro de tu meta. Digamos que para este año te propusiste saldar todas las deudas malas. A esta fecha deberías saber en qué porcentaje vas. De ese modo sabrás si será necesario acelerar el paso o continuar con la marcha habitual.

D) *Debe ser razonablemente alcanzable.*

"Locura es repetir lo mismo una y otra vez, esperando resultados diferentes"

Esto significa que no deberías proponerte una meta que esté por encima de tus posibilidades reales. Sabemos que a veces hay que desafiarse a uno mismo, pero siempre dentro de lo razonable. Cuando te propones una meta que no es alcanzable lo que puede ocurrir es que te desanimes cuando no la alcances. Eso te quita energía para continuar con tu propósito. Digamos que una meta sería comprar una casa para rentar. Para esta meta te pusiste un plazo de dos años, sin embargo tus ingresos no te alcanzan para cubrir tus necesidades básicas. Si mantienes esa meta, es muy probable que transcurran los dos años y no alcances tu objetivo. En este caso tu principal meta no sería comprar una casa, sino aumentar tus fuentes de ingresos. De ese modo, cuando logres alcanzar esta meta más pequeña, tendrás más energías para enfocarte en la siguiente meta más grande. Ir escalando peldaños en la consecución de metas te va aumentando tu autoestima y te hace más fuerte en el tiempo.

¿COMO HAGO REALIDAD MIS METAS FINANCIERAS?

Una vez que tus metas estén definidas y luego de ponderar los aspectos que te comentaba anteriormente, es hora de comenzar a realizar acciones que te lleven a la materialización de tu proyecto.

A continuación te presento cinco acciones que son indispensables para que tus sueños se hagan realidad, veamos:

 **RECORRE LA DISTANCIA ENTRE LA PROYECCION Y LA REALIZACION.**

Esto quiere decir: ¡Manos a la obra! No debes quedarte solo en planes y pensamientos, debes iniciar con los pequeños pasos que te guiarán hacia tu objetivo. Si para la consecución de tu meta el primer paso es guardar en una cuenta bancaria cierta suma de dinero, pues ¡Adelante!

> **$** *"El descuido y la falta de planificación no forman parte de las enseñanzas divinas"*

No lo dejes para después, ahora es el momento de poner en marcha el plan que te llevará al éxito. Si tienes que sacrificar ciertas cosas para que este primer paso se ejecute, pues hazlo y veras como poco a poco irás logrando tus objetivos.

 **DEBES SER CONGRUENTE DURANTE EL PROCESO.**

La congruencia se define como una relación de acciones lógicas encaminada hacia un mismo objetivo. Es decir, que todas tus acciones y pensamientos deben estar coordinados mirando hacia tu objetivo final. Un ejemplo bien simple de lo que es falta de congruencia consiste en querer bajar de peso, mientras aumentas las porciones diarias de alimentos y no realizas ejercicios. Evidentemente que la meta de bajar de peso quedará solo en el pensamiento, pues las acciones no son congruentes con el objetivo. Lo que trato de decirte es que no puedes permitir que tus emociones te desvíen de la meta. Esta es una de las tantas razones por las cuales muchas personas no logran grandes cosas en la vida, se fijan metas, pero sus emociones controlan sus acciones. La disciplina, la negación a satisfacer ciertos deseos y la perseverancia son como abono que ayudan a que tu propósito crezca cada día más.

 ### ESCOGE EL ENTORNO ADECUADO.

En la mayoría de los casos, lo que somos es el resultado de la influencia de nuestro entorno. Cuando te propones metas que son una novedad o parecieran inalcanzables para las personas que te rodean, sus influencias podrían ser dañinas para tus propósitos. Hay situaciones cuando sustituir nuestro medio podría ser una buena alternativa que nos permitirá conocer nuevos puntos de vista y podría alimentar sanamente nuestros objetivos.

A veces no es fácil cambiar nuestro círculo de amigos, nuestros trabajos y nuestras congregaciones. Esto requiere un sacrificio emocional bastante grande, sin embargo en algunos casos es necesario. Si el entorno donde te encuentras atenta contra tus metas, podría ser más difícil desarrollar tu propósito desde ahí. Considera la posibilidad de moverte y al final verás los resultados.

 ### CONOCE TU REALIDAD ACTUAL.

El Dr. Howard Gardner, famoso sicólogo cognitivo de la universidad de Harvard desarrolló en el año 1983 la teoría de las inteligencias múltiples, donde establece que los seres humanos nacemos neurológicamente concebidos para desarrollar ciertas habilidades en la vida y las presenta magistralmente en su libro "Inteligencias Múltiples". En dicha obra nos explica que cada uno de nosotros debe descubrir cuáles son sus habilidades más poderosas y trabajar consecuentemente en el desarrollo de ellas. Esta teoría que ha sido ampliamente analizada juega un papel importante para el logro de nuestras metas. Debes conocer tu realidad actual, descubrir tu don y usarlo a tu favor. Lo que quiero decir es que debes saber con cuáles habilidades cuentas que pudieras emplear en tu plan de metas que te permitan un buen despegue. Esto significa que debes hacer una introspección y determinar tu situación hoy y ahora. Esto te ayudará a poner los pies sobre la tierra y conocer tu verdadera realidad.

5to. VISUALIZA TUS METAS CON ELEMENTOS FISICOS.

Uno de los grandes descubrimientos que nos dejó el científico Giacomo Rizzolatti un neurobiólogo italiano con muchos premios por su labor de investigación fue "Las neuronas espejos" o las células de la empatía. Que consiste en unas células que tenemos, las cuales se activan de acuerdo a lo que está ocurriendo en nuestro medio. Es lo que explica el hecho de que una persona bostece y a pocos segundos la persona que observe la acción también lo haga. Estos conceptos pueden aplicarse en el campo de las metas y las finanzas. Si quieres lograr tu meta financiera, es recomendable que tu entorno esté influenciado por esas metas. Si quieres ser un empresario, busca programas televisivos para emprendedores. Si tu meta es ser un ingeniero constructor, utiliza imágenes en tu entorno que te recuerden cada día hacia dónde vas.

"La congruencia se define como una relación de acciones lógicas encaminada hacia un mismo objetivo"

En mi caso y mucho antes de conocer el descubrimiento del científico Giacomo Rizzolatti, recuerdo cuando iba a comprar mi primer vehículo. Aun no tenía el dinero completo del inicial y en ocasiones visitaba las principales tiendas de vehículos que veía para alimentar mi sueño.

En mi habitación tenía fotografías de los vehículos que me gustaban y al día de hoy aún tengo la costumbre de ambientar mi entorno con las metas que pretendo alcanzar utilizando pequeñas representaciones que cada día me recuerdan hacia dónde voy.

Se le atribuye a Lucio Anneo Séneca la expresión: ***"Si un hombre no sabe a qué puerto navega, ningún viento es favorable".***

En mi país también se utiliza una frase para ilustrar la misma idea: "El que no sabe hacia dónde va, ya llegó". Si no tienes metas en la vida, donde estás es lo mejor que te puede pasar. Pero si deseas hacer un cambio radical y tomar control de tu vida financiera de ahora en adelante, entonces mira hacia adelante y confía que todo lo que te ha ocurrido de un modo u otro, obrará para bien.

CAPITULO 7

LA DISCIPLINA FINANCIERA

"Me lo contaron y lo olvidé; lo vi y lo entendí;
lo hice y lo aprendí"

Confucio
(551 AC-478 AC) Filósofo chino.

Etimológicamente la palabra "disciplina" proviene del latín "discipulus" y significa imponer un orden necesario para poder llevar a cabo un aprendizaje. Del mismo origen es "discípulo" que es quien se somete a la disciplina para lograr capacitarse. Sin embargo, para los fines de nuestro análisis vamos a utilizar esta palabra desde otro enfoque, es decir, desde el punto de vista financiero.

Cuando me refiero a la disciplina financiera estoy tratando de explicar esos hábitos que son practicados de manera constante y que nos llevan sistemáticamente hacia un objetivo. El Doctor Howard Gardner define en su libro titulado "Las cinco mentes del futuro", a una persona disciplinada:

"Una persona es disciplinada en la medida que haya adquirido unos hábitos que le permitan realizar un avance constante, y en esencia, perpetuo hacia el dominio de una técnica, un arte o un corpus de comportamiento".

Esta ha sido la mejor definición que he leído sobre disciplina. Si traemos este concepto al campo de las finanzas podemos concluir entonces que son los diferentes hábitos que tienen que ver con nuestra vida financiera que nos hacen actuar de una u otra forma. Es decir la manera consistente de cómo tomamos decisiones sobre nuestros ingresos, nuestros gastos, nuestras inversiones y nuestras deudas.

En sentido general la disciplina no es más que un conjunto de ideas que nos guían hacia ciertos comportamientos de forma sistemática. Cuando leemos sobre disciplina en el marco académico, también puede referirse al conjunto de conocimientos que una persona puede adquirir mediante entrenamientos especializados en el amplio mundo de la ciencia. De ahí, se habla sobre disciplina militar, médica, entre otras. También el término puede referirse a una forma de castigo, por ejemplo: "Disciplinaron a Pedro en la escuela porque le gritó a su maestra". En este aspecto se interpreta como una medida de corrección ante ciertas actitudes de los individuos.

Para nuestro estudio la disciplina financiera la constituyen esos principios convertidos en hábitos que nos guían hacia ciertos comportamientos que de una forma consciente o inconsciente afectan nuestras vidas.

La mente es el centro de operaciones donde se forman todas las ideas y pensamientos que nos convierten en personas disciplinadas o indisciplinadas. El asunto comienza en la forma como la cultivemos. En mis charlas uso una expresión que dice: "Nuestras mentes son campos de tierras fértiles donde siempre crecerán árboles, indistintamente de que siembres en ellas o No". Es decir, si no siembras buenos árboles, la tierra misma se encargara de crear los suyos y tal vez no de la forma como lo esperas. El problema es que si no siembras de manera ordenada y sistemática, la mente se llenará de malos árboles y toda clase de plantas silvestres de forma descontrolada. La mayoría de las personas que cometen delitos y están internos en los centros penitenciarios es porque no disciplinaron de forma correcta sus mentes.

> **$** *"No se trata sobre qué gastar o en qué no, se trata sobre quién toma control de tus decisiones financieras, tu poder de razonar o el poder de la emoción"*

Tal vez tuvieron problemas con la ira, adicción al dinero, drogas, poder, entre otras cosas; y la sociedad tuvo que encargarse de podar esos malos árboles que crecieron de forma silvestre en sus mentes. Lamentablemente lo mismo ocurre con las personas que no son financieramente disciplinadas, gastan el dinero porque han desarrollado malos hábitos o por instrucción de sus emociones, luego terminan arropados por deudas que no tienen explicación lógica alguna.

Disciplinar la mente no es un asunto sencillo, requiere de mucho esfuerzo y un gran deseo de querer lograr ese objetivo. La disciplina se logra mediante la repetición sistemática de acciones hasta que estas se conviertan en hábitos. No es posible lograr tener una mente disciplinada si dejamos que nuestras emociones tomen el control de nuestras decisiones. Si realmente queremos poseer una buena base para tomar sabias decisiones financieras, debemos comenzar practicando con esos pequeños detalles, iniciando con nuestras emociones. Todo proceso de disciplina requiere de mucha energía y fuerza de voluntad, que se va agregando a un conjunto de conocimientos que te ayudarán a tener mejor control de tu vida. Recuerda que *"No se trata sobre qué gastar o en qué no, se trata sobre quién toma control de tus decisiones financieras, tu poder de razonar o el poder de la emoción".*

Una buena idea para identificar quién dirige nuestras decisiones financieras sería practicar varios ejercicios sobre control emocional para determinar qué tanto decidimos con la razón o con la emoción. De ese modo podemos identificar por dónde debemos comenzar.

Un sicólogo amigo me recomendó algunos ejercicios para medir el grado de poder que tienen nuestras emociones a la hora de tomar una decisión y de qué manera podemos trabajar para mejorar eso. Personalmente he experimentado algunos de ellos y me han dado buenos resultados. A continuación presentamos algunos de esos ejercicios, veamos:

A) Cuando te sientas bien ansioso procura identificar aquello que calma tu ansiedad que involucre gasto de dinero. Puede ser un rico helado, una refrescante bebida, comprar tu música favorita o visitar una tienda. Procura estar lo más cerca que puedas de modo que nada te impida obtenerlo. Imagina y contempla todo como si ya lo estuvieras disfrutando y cuando estés en el punto más alto del deseo, simplemente recházalo. Es decir, si estás en tu tienda favorita sal de repente, si ya compraste tu comida o helado favorito regálalo a otra persona, si es tu música favorita recházala. Repetir esto varias veces te ayudará a que tu mente y tu razón tengan prioridad sobre aquello que más necesites a la hora de tomar una decisión. Es probable que durante los ejercicios cedas ante tus deseos, si esto ocurre no te preocupes, es parte del proceso. Debes repetirlo una y otra vez hasta que quedes convencido de que en tu mente ya no es tentación.

B) Cuando visites una tienda ya sea para mujeres u hombres, dirígete a la sección que más te gusta. Ya sea trajes, zapatos o decoración. Trata de ir uno o dos días antes de recibir tu salario y mídete el traje que más te gusta, también mídete los zapatos más preciosos, pregunta por los precios y si es posible haz cotizaciones. Puedes repetir esto varias veces, y cuando recibas tu salario, la mente te va a recordar todo aquello que te mediste, probaste y hasta apartaste. En ese momento dirás para ti mismo: "Ahora no puedo comprarlo". Simplemente repítelo varias veces hasta que se te olvide. Cuando realmente lo necesites, entonces ve y cómpralo. Este último ejercicio se identifica mucho conmigo y ha sido el que más he practicado, hasta el punto que cada vez que lo hago, casi me tiemblan los pies. Veamos:

C) Identifique una tienda de vehículos que tenga el tipo de carro, Jeep o motocicleta que tanto desea. Solicítale al vendedor que te preste la llave, sube y enciéndelo. Trata de que tenga el aire acondicionado funcionando y coloca tu música preferida. Permite que ese olor a nuevo invada todo tu cerebro, cierra los ojos e imagínate conduciendo por los lugares que siempre soñaste. Quédate dentro del vehículo el tiempo máximo que te permita el vendedor y si es posible haz una prueba de manejo.

Al final de todo, pregunta por el precio y si tiene financiamiento. Consulta con tu agente si califica para el préstamo. Cuando tengas todas las respuestas retírate. Dirígete a tu casa y en un lugar calmado y tranquilo medita en las siguientes preguntas: ¿Realmente necesito este tipo de vehículo? ¿Cuál es la imagen que deseo proyectar? ¿Cuál es el costo financiero por pago de intereses? ¿En qué me beneficia tener ese vehículo? ¿Qué puedo obtener a ese precio que le proporcione mayor beneficio a mi familia? Trata de escribir cada respuesta y compártela con tu esposa o alguien de mucha confianza.

Cada vez que repita este ejercicio sentirás menos deseo de querer adquirirlo hasta que tus emociones en ese sentido estarán totalmente bajo control.

Quizás estos ejercicios te parezcan algo simple, sin embargo funcionan. Puedes adaptarlo de acuerdo a tus necesidades. La clave es acercarse hacia aquello que te gusta y cuando estés a punto de adquirirlo, recházalo una y otra vez. Habrá momentos que no podrás rechazarlo y caerás ante la tentación, entonces es cuando más debes intentarlo hasta que logres el resultado deseado. Si aun así no logras vencer, entonces será necesario ayuda profesional.

Lamentablemente muchos jóvenes de hoy en día no tienen disciplina en sentido general, mucho menos hablar de disciplina financiera. La sociedad de hoy en día promociona en sus diferentes formas el consumismo, la satisfacción del deseo, la falsa noción de que ser libre es poder complacer todos nuestros gustos y nadie debe intervenir en nuestras decisiones. Muchas veces tienen razón cuando afirman que tenemos el poder de decidir, sin embargo no les presentan que por cada decisión que tomemos, también habrá consecuencias. Creo que todo empieza desde que éramos niños, la forma como nos entrenaron para enfrentar la vida. Nuestra educación inicial tanto en el hogar como en las escuelas tiene un poder extraordinario sobre nuestros hábitos.

De eso trata la disciplina, es sobre nuestros hábitos, todo lo que hacemos de forma natural y sistemática por la constante repetición de los medios.

Hace un tiempo quedé sorprendido con mi hija, cuando apenas tenía tres años, fui a buscarla a la escuela. Tan pronto me vio, salió corriendo y gritándome:

- ¡Papi, qué bueno que llegaste! ¡Por favor dame dinero…!

Aún sin terminar la expresión, en cuestión de segundos mi mente se paralizó y me sentí molesto porque ella nunca me había pedido dinero, mucho menos en presencia de sus maestras. Sin embargo le veía algo en la mano y mientras se acercaba completaba la frase:

-¡Papi, qué bueno que llegaste! ¡Por favor dame dinero para ahorrar!

-¿Cómo hijita? Le pregunté perplejo al ver la alcancía que traía en la mano.

-Si papi, hoy nos enseñaron que debemos ahorrar para las vacaciones, ¡Necesito que me des dinero!

-¡Claro que sí! -Le respondí- Dándole un abrazo y un beso mientras la cargaba en mis brazos y nos dirigíamos hacia el vehículo con su radiante sonrisa.

Desde entonces mi hija recibe una pequeña cantidad de dinero, yo diría algo simbólico que ella deposita en su cerdito para sus vacaciones esperadas.

Este es un ejemplo bien simple de la forma como podemos disciplinar la mente de nuestros hijos. En este caso una institución bancaria realizó un operativo en el centro donde estudiaba mi hija y tal vez no se imaginaron el alcance que eso tendría. Lo que vemos claramente es que están fomentando una cultura que muy pocas personas tienen en sus vidas de adultos, sencillamente porque tal vez no le programaron para realizar este tipo de actividad tan importante como es el ahorro.

Mi hija sabe que para lograr tener unas lindas vacaciones debe esforzarse y ahorrar para ese objetivo. Es obvio que lo ahorrado no será suficiente, sin embargo no se trata de la cantidad de dinero que ella pueda acumular, se trata de la disciplina del ahorro para un propósito.

Hoy en día se promueve todo lo contrario en los medios. Si quieres unas vacaciones, cambiar tu vehículo, tu mobiliario, tu casa o cualquier otro objeto, no tienes que esperar ahorrar para eso, lo puedes tener hoy mismo con un financiamiento de una entidad bancaria. De esa forma eliminan el factor tiempo, esfuerzo y hábito para crear una disciplina de ahorro que dé buenos frutos.

Te he mencionado el tema de la disciplina desde el punto de vista del ahorro, sin embargo este concepto se aplica a todas las actividades que realizamos. Toda persona que tiene planes, ya sean profesionales, laborales, académicos, amorosos o económicos, necesitará de la disciplina si quiere lograr sus objetivos. La constancia, perseverancia y entusiasmo son determinantes para mantenernos enfocados hacia aquello que deseamos en un futuro. Hacer un plan programado y tratar de cumplir de forma sistemática es una excelente forma de comenzar a disciplinarnos en todo el sentido de la palabra. No basta con solo programar, escuchar y aprender, si deseas buenos resultados debes "hacer". Tal como lo dijo el sabio Confucio:

"Me lo contaron y lo olvidé; lo vi y lo entendí; lo hice y lo aprendí"

El señor Jesucristo que era una persona bien disciplinada cuando hablaba sobre la parábola del sembrador les dijo a sus discípulos lo siguiente:

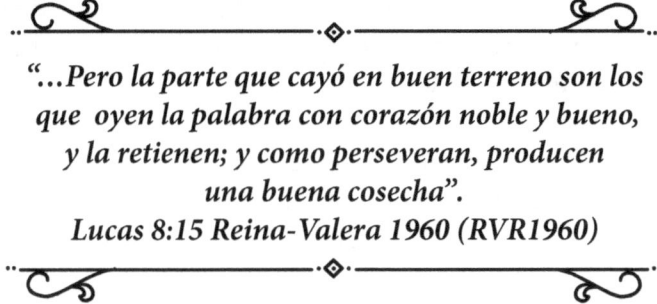

"...Pero la parte que cayó en buen terreno son los que oyen la palabra con corazón noble y bueno, y la retienen; y como perseveran, producen una buena cosecha".
Lucas 8:15 Reina-Valera 1960 (RVR1960)

Si te fijas bien, la cosecha viene por la perseverancia. Esta palabra podemos muy bien cambiarla por "disciplina", es decir, la constancia en un buen hábito. No es posible alcanzar la "buena cosecha" si no tenemos esa cualidad.

Los sicólogos definen el hábito como el comportamiento que se repite de forma regular, ya sea consciente o inconsciente. Si realmente deseas desarrollar una buena disciplina financiera, debes comenzar con una acción que de forma repetitiva se convierta en hábito la cual te llevará hacia tu objetivo.

Así como te comentaba acerca de mi hija, ella está creando la rutina del ahorro para lograr sus vacaciones. El objetivo principal son sus vacaciones, antes de crear esa práctica, primero debes visualizar aquello que deseas alcanzar e identificar la manera programada de cómo hacerlo. Digamos que deseas saldar todas tus deudas, especialmente las de tarjeta de crédito. Puedes crear una práctica de apartar de tus ingresos una determinada suma de dinero y abonarlo a tu tarjeta. No esperes hacer el abono cuando tengas la totalidad del dinero, ve haciéndolo en la medida que lo vayas consiguiendo.

Trata de no usar el plástico, si es posible corta la banda magnética con una tijera para que no puedas usarla y después de un tiempo podrás cumplir con tu objetivo.

Durante el desarrollo del proceso es posible que se te presenten situaciones que no podrás cumplir, sin embargo trata en la medida de lo posible de sacrificar esos gastos que son improductivos y cumple con tu meta. Cada vez que incumplas con tu programa, tendrás menos fuerzas para continuar y lograr tu objetivo.

Recuerdo los últimos años de mi vida de soltero. Tenía una vida muy activa, salía con mis amigos casi todos los fines de semana, me acostaba tarde viendo televisión en fin, tenía muchas actividades.

Luego del matrimonio, como ha de esperarse, las salidas con amigos y fiestas disminuyeron por la atención que requiere tener un hogar. Esa reducción de actividades y la comodidad de mi nuevo hogar contribuyeron notablemente a que aumentara de peso. Cuando me percaté de eso inmediatamente me inscribí en el gimnasio a fin de que mi barriga no siguiera creciendo al ritmo que iba. Pero había un pequeño problema, no tenía el hábito ni la disci-

> $ *"Me lo contaron y lo olvidé; lo vi y lo entendí; lo hice y lo aprendí"*

plina de ir constantemente a los ejercicios. Cuando salía del trabajo, solo quería llegar a mi casa, compartir con mi esposa e hijos y ver televisión. A pesar de que mi esposa me insistía para que fuera al gimnasio, muchas veces me quedaba en la casa y cuando salía trataba de hacerlo en mi vehículo.

Esa práctica trajo como resultado que siguiera aumentando de peso y por ende tener que hacer mucho más esfuerzo para eliminar grasa con los riesgos de salud que eso implica.

Reconocí que por mí mismo era casi imposible lograr disciplinarme con los ejercicios. Visitaba una semana al gimnasio y otra no, hasta que encontré a un amigo que si tenía la costumbre de ir constantemente. Reconocí mi incapacidad para lidiar con ese mal hábito y le pedí que por favor me ayudara a vencer esa situación que tal vez para él no era un problema, sin embargo para mi si lo era.

Ese amigo me llamaba todos los días e íbamos juntos hasta que tomé por primera vez el asunto en serio y aunque aún no he alcanzado la meta que deseo lograr, he tenido algunos avances. Les confieso que a veces tengo deseo de quedarme en la casa jugando con mis hijos y compartiendo con mi esposa. Pero después de mucho esfuerzo, he tenido que aprender que hay tiempo para todo. Así lo describe el sabio Salomón cuando dice:

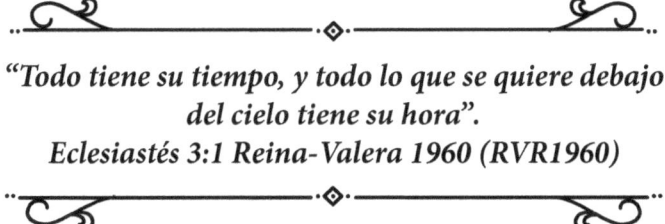

"Todo tiene su tiempo, y todo lo que se quiere debajo del cielo tiene su hora".
Eclesiastés 3:1 Reina-Valera 1960 (RVR1960)

Si no tienes el hábito del ahorro en tu vida financiera o si tienes el mal hábito de gastar el dinero en cosas que no son realmente importantes, trata de buscar ayuda con alguien de confianza para que puedas alcanzar tu meta. Con el tiempo y tu perseverancia aprenderás a disciplinarte en todos los aspectos de tu vida.

CAPITULO 8

¿VOLAR UN HELICOPTERO O MONTAR UNA MOTO?

"El principio de la educación es predicar con el ejemplo".

Anne Robert Jacques Turgot (1727-1781)
Político y economista frances.

Hace unos años fue proyectada una película sobre ciencia ficción de estreno mundial que revolucionó el pensamiento de las personas aficionadas a la tecnología y la programación. Tal vez ya viste o has escuchado sobre la famosa trilogía "The Matrix" protagonizada por varias estrellas de Hollywood entre los cuales están Carrie-Anne Moss, Keanu Reeves, Laurence Fishburne entre otros. La primera versión se estrenó en el año 1999 y posteriormente las dos siguientes en el 2003. La saga de la película es bien conocida. Plantea que en el futuro todos los seres humanos serán esclavizados por las máquinas quienes nos necesitaban para generar energía. Algunas de esas personas que por alguna razón se resistieron a ser gobernadas o fueron liberadas por "The Matrix", viven en un lugar llamado Zion. Para accesar a "The Matrix" era necesario una interconexión que los entraba hasta ese mundo virtual.

Pero lo que más cautivó mi atención fue el hecho de que en el mundo virtual las habilidades que obtenían algunos personajes para defenderse u operar máquinas, eran adquiridas en fracciones de segundos mediante un software que de forma casi instantánea recibían desde el mundo real, ya sea para volar un helicóptero, defenderse o manejar una moto.

Al analizar una y otra vez esa película que ya tiene mucho más de 10 años y ver la realidad que vivimos hoy, estoy convencido que el éxito obtenido fue bien merecido, pues se adelantó a su generación. Especialmente en la forma como las personas desarrollan habilidades para desempeñar ciertas acciones. Hoy en día gran parte del sistema de enseñanza está basado en educación virtual y tecnología avanzada.

Existen programas de computadoras para todas las asignaturas y habilidades. Dependiendo el tipo de habilidad que quieras obtener, vas a tener que conseguir un software donde cómodamente desde tu casa u oficina podrás aprender e interactuar con los demás compañeros y los facilitadores. Los programas son más precisos y te llevan hacia lo que realmente quieres lograr. Normalmente no ofrecen conocimientos generalizados si no especializados.

Trayendo todo eso al terreno de las finanzas, actualmente no estamos ajenos a esos cambios. En esta generación la sociedad requiere más especialistas que generalistas, por eso no es un secreto que ya una carrera universitaria, a nivel de grado con conocimientos generales no basta, hay que pensar en maestrías y postgrados para encontrar un lugar en la sociedad.

Esta situación ha tocado de manera importante el tema de la educación financiera. Actualmente hay una opinión generalizada sobre ese tema hasta el punto que enseñar sobre finanzas ya se ha convertido en una actividad de negocios.

Es el tópico de moda de la mayoría de consultores e incluso entidades financieras. Pero hay un problema y es que *no toda la "Educación Financiera" responde al mismo objetivo para cada persona*. Así como la medicina tiene sus diferentes áreas específicas, la educación financiera debe conducirte hacia un objetivo bien específico.

Cuando Inicié este capítulo, lo hice hablando sobre la famosa película "The Matrix" y la manera cómo las personas que entraban a la matriz podrían aprender una habilidad con un simple software. La analogía que presentamos, al mencionar este aspecto, sencillamente es para ilustrar que lo mismo está ocurriendo con la educación financiera y muchas personas no lo saben.

Me explico: la mayoría de las personas que buscan educación financiera es porque entienden que tienen una necesidad en el manejo de sus finanzas personales, sin embargo no todos tienen problemas en este aspecto. Existen personas que con la educación financiera buscan algo más, no simplemente controlar los ingresos y gastos personales.

Como el asunto de la educación financiera se ha convertido en un tema de negocios, casi todos los consultores cantan la misma canción y están saturando el mercado al punto que las personas ya están perdiendo el interés por creer que en todas partes dicen lo mismo.

Pero, ¿realmente debe ser así? ¡Por supuesto que no! Todo va a depender sobre cuál es la necesidad de la persona que busca educación financiera. Así como en "The Matrix", si lo que quieres es volar un helicóptero, deberás buscar la educación que te enseñe a volar un helicóptero, no a montar una moto.

En una ocasión mi esposa me invitó para que participe junto a ella en una charla sobre finanzas que iba a ofrecer una conferencista. Normalmente acostumbro investigar sobre quién es la persona que va a disertar para no tener sorpresas. Pues para esta invitación, no tuve la oportunidad de hacerlo, de todos modos le acompañé. La charla era sobre como emprender e iniciar tu propio negocio. El título me llamó mucho la atención ya que siempre he sido un aficionado de esos temas. Luego de escuchar a la conferencista por casi una hora, resultó que ella era una locutora profesional, empleada de los medios de comunicación y su principal negocio es ofrecer charlas sobre educación financiera.

> **"No toda la Educación Financiera responde al mismo objetivo para cada persona"**

Alardeaba por los montos que cobraba por dictar este tipo de charlas y lo usaba como ejemplo sobre cómo generar ingresos extras. Cuando salí del salón estaba frustrado y con pena, pues me di cuenta que muchas personas creen que el sólo hecho de teorizar sobre educación financiera los hace expertos. La educación financiera es un medio para llevar a otros a una experiencia diferente. No puedes vender algo que aún no has probado. *Dictar charlas y escribir sobre educación financiera es más que solo disertar. Debes vivir cada cosa que enseñas.*

Si eres empleado no estás en condiciones de enseñar a otros a crear sus propios negocios. Es la propia experiencia que te da calidad para orientar a otros sobre ese camino tan difícil y escabroso como el emprender y mantener un negocio. El famoso escritor sobre finanzas personales y empresariales Robert Kyosaky en sus charlas usa una expresión que a muchas personas no les gusta porque parece ser excluyente. El dice:

"Ten cuidado a quien pides consejo. Yo recibo consejos de personas que están donde yo quiero estar".

Tú puedes o no estar de acuerdo, sin embargo esta expresión me hace sentido. Una persona que no ha tenido experiencia, digamos en manejar un vehículo, no está en condiciones de enseñarte cómo se conduce por las calles. Puede tener conocimientos generales, pero lo demás es pura teoría. No sé si te gustaría ser operado por un médico que nunca ha ido a un quirófano, que simplemente ha visto por videos cómo se opera, pero nunca ha tomado un bisturí. Yo no dejaría que me ponga las manos, ¿Y tú?

La idea en la expresión de Kyosaki es bien simple, el poder de la experiencia es más convincente que las palabras, enseñar lo que has vivido produce una experiencia distinta. Por eso me sentí frustrado cuando asistí a la conferencia sobre cómo emprender tu propio negocio impartida por una persona que era empleada.

Luego de escuchar a la conferencista llegué a la siguiente conclusión en cuanto a los tipos de educación financiera. Desde mi punto de vista existen dos tipos que son:

 *Educación Financiera para empleados.*

Este tipo de educación financiera es la que ofrecen al por mayor y detalle. Generalmente son facilitadores muy bien preparados, ocupan puestos importantes en algunas empresas y dominan muy bien la "Jerga" financiera. No hay nada de malo en acudir a estos consultores siempre y cuando lo que buscas hacer es exactamente lo que ellos hacen. Es decir, si quieres ser un excelente empleado, manejar de forma correcta tus finanzas personales, eliminar tus tarjetas de crédito, creer que tu casa o apartamento es tu mejor inversión o salir de las deudas.

Estas personas podrán darte los mejores consejos que puedas escuchar. Ahora bien, si lo que buscas es educación financiera para iniciar un negocio, emprender un proyecto de inversión como empresario independiente, usar el apalancamiento a tu favor o conocer las altas y bajas por las que debe pasar un empresario, un consultor como el que acabamos de describir no sería tu mejor opción.

Es casi imposible que un consultor pueda enseñarte una buena educación financiera para que seas empresario, cuando el mismo consultor es un empleado. Cuando no se tiene claro estos aspectos y creemos que todo el que habla con la jerga financiera sabe todo sobre finanzas, acudimos a la persona equivocada.

Desde ahí inicia parte del problema y es que muchos consultores bien capacitados, excelentes empleados y con el deseo de ganar un dinerito extra están dentro de la educación financiera más como generalistas que como especialistas.

Entienden que todos esos conocimientos son de aplicación general y en la práctica muchas veces no es así. *En temas como la generación de ingresos, gastos, inversión, apalancamiento, riesgos financieros y demás, las técnicas y procesos que usa un empleado son muy diferentes a los que usa un empresario, con tanta diferencia como desde volar un helicóptero a montar una moto.*

"Dictar charlas y escribir sobre educación financiera es más que solo disertar. Debes vivir cada cosa que enseñas"

Te voy a mostrar un ejemplo más preciso para ilustrar lo que estoy diciendo. Un experto en finanzas que ha sido formado como empleado, pero que no ha manejado sus propias empresas podría decirte que debes salir de las deudas y que evites financiarte con las tarjetas de crédito porque las tasas de interés vía las tarjetas son muy altas. Excelente consejo para una persona cuyos ingresos provienen de un salario.

Sin embargo para un empresario digamos que se dedica a la venta de repuestos para vehículos y se le presentó la oportunidad de comprar mercancías en remate por un monto de $500,000 asumiendo que su tarjeta de crédito platinum tiene un límite que le permite comprar dicha mercancía.

Simplemente el empresario hará el siguiente razonamiento: ¿cuánto voy a pagar de intereses por el financiamiento, si lo compro con la tarjeta para pagarlo mensualmente? Digamos unos $25,000 bien, ¿cuánto me voy a ganar neto cada mes por la venta de esas mercancías? Digamos unos $50,000 pues el empresario comprará la mercancía aunque el límite de su plástico llegue al tope, sin importarle que el banco se gane un interés mensual de un 6%.

Ya, más adelante y con la mercancía en almacén, podría buscar un préstamo a una mejor tasa y si no consigue el préstamo, de todos modos gana porque con la deuda de la tarjeta va a generar suficiente dinero para pagarle al banco y le quedarán unos $25,000 y lo mejor de todo es que fue con dinero ajeno o mejor conocido como DOP (Dinero de Otras Personas), en este caso del banco.

Para un consultor que ha sido formado como empleado podría ser una locura asumir ese riesgo. Sin embargo, para un empresario que sabe lo que hace es una excelente oportunidad de hacer negocios.

En otro orden tenemos el siguiente tipo de educación:

 *Educación Financiera para Empresarios o Emprendedores.*

Este tipo de educación financiera generalmente no proviene de personas que tienen "Máster" o "Postgrados" en escuelas formales de enseñanza. Normalmente estos tipos de facilitadores son empresarios muy exitosos que en ocasiones tuvieron que dejar la universidad o la escuela para atender sus actividades productivas, pero han alcanzado ciertos niveles de riqueza que muy pocas personas tienen.

Es lamentable que este tipo de educación financiera sea escasa. Normalmente cuando un empresario se dedica a dictar conferencias y charlas sobre su trayectoria, muchas personas los tildan de "arrogantes" u "orgullosos" como si fuera un pecado capital compartir con los demás la manera cómo han alcanzado sus logros.

Hace algunos años recibí una invitación de un amigo para asistir a una conferencia que organizó la Universidad Nacional Pedro Henríquez Ureña (UNPHU) en la ciudad de Santo Domingo. El tema a tratar era muy similar al de la conferencia que había ido con mi esposa muchos años antes, donde la expositora era una locutora profesional. Esta charla también tenía que ver sobre "Cómo emprender e iniciar su propio negocio". Asistí porque me llamó mucho la atención quién era el conferencista invitado, fue nada más y nada menos que el Sr. Luis Marino López. Tal vez ese nombre no te resulte familiar, pero les confieso que cuando vi la publicación de la charla en mi correo electrónico y el nombre del conferencista, tampoco me resultó ser una persona "famosa".

Sin embargo cuando continúe leyendo los datos del conferencista decía: "El Propietario de la cadena de restaurantes Adrian Tropical", inmediatamente me alegré, pues había visitado más de cuatro sucursales de este negocio con amigos y familiares, pero no sabía que él era el propietario. Iba a escuchar a alguien que tenía una experiencia maravillosa que compartir para personas como yo, sedienta de una verdadera educación financiera orientada a emprendedores.

La charla fue magistral, el Sr. López disertó de cómo inició sus actividades de negocios. Desde que tenía la edad de 8 años, trabajó como dependiente de un colmado y luego como vendedor de libros, repuestos de vehículos, entre otros empleos. Luego instaló un carrito de vender sándwich por la avenida Abraham Lincoln y al ser asediado por las autoridades por estar en un lugar público buscó un solar donde los dueños del terreno eran sus socios. El negocio se llamaba Lumis Park. Más adelante tuvo que vender el negocio a sus socios, luego lo recuperó y le cambió el nombre por "Adrian Tropical" y así continuó narrando todas las vicisitudes que como empresario tuvo que enfrentar y de qué manera estaba endeudado y con dificultades financieras, pero continuó adelante, quería hacer su sueño realidad hasta que salió a flote y creó otra sucursal, luego otra y así hasta llegar donde está hoy.

Puedo decir que ha sido una de las mejores charlas que he escuchado en los últimos años. La historia completa del Sr. López ha sido publicada por varios medios de comunicación en la República Dominicana y ha sido una fuente de inspiración para muchas personas.

Cuando abandoné el salón, mi mente había sido totalmente transformada. Tenía más claro hacia donde debía enfocar mis energías y donde debía buscar información para hacer mi sueño realidad.

Hoy en día, si buscas conferencias, en las diferentes universidades, como las que te he mencionado encontrarás pocas. Porque a muchas personas les gusta escuchar a individuos con títulos, grados, postgrados y PhD aunque el contenido sea solo teoría. Quizás con esta expresión no estoy expresando bien la idea, lo que quiero decir es que no estoy en contra de la formación superior o grados académicos, de hecho yo tengo varios. Pero reconozco que el arte de emprender y hacerte un empresario exitoso no depende necesariamente de la formación académica. Tenemos muchos ejemplos de personas que han dejado la universidad y hoy son empresarios muy respetados y con mucho dinero. Eso no significa que ir a la universidad sea perder el tiempo, al contrario, ir a la universidad puede ser un buen complemento si luego o durante tu formación académica buscas verdadera educación financiera para personas que no quieren depender de un salario y están interesadas en instalar sus propios negocios para ser financieramente libres.

> **$** *"En temas como la generación de ingresos, gastos, inversión, apalancamiento, riesgos financieros y demás, las técnicas y procesos que usa un empleado son muy diferentes a los que usa un empresario, con tanta diferencia como desde volar un helicóptero a montar una moto"*

Por eso es que debes saber escoger el tipo de educación financiera que vas a recibir. Recuerda, si quieres aprender a volar un helicóptero, no debes entrenarte con quien solo sabe manejar una moto.

CAPITULO 9

LO QUE DEBES HACER CUANDO TU NEGOCIO NO VA BIEN

"El dinero es importante, pero no determinante. Para una persona de fe, lo determinante lo define Dios no los hombres"

Melvin Féliz
Asesor financiero y conferencista internacional

¿Qué haces cuando tu negocio va de mal en peor? Si dejara un espacio en blanco para que escribas tu respuesta y permitiéramos que cada lector narre su experiencia, de seguro que acumularíamos muchísimas ideas sobre esta interrogante que nos beneficiaría a todos. Es normal que cuando nuestros negocios no están funcionando bien o aún peor, si estamos quebrados financieramente por una mala inversión u otro motivo, nuestras emociones se activan y un sentido de frustración y ansiedad se apodera de nuestras mentes. Mucho peor sucede cuando tenemos compromisos financieros serios que debemos satisfacer. Estos síntomas todavía lo están viviendo muchos dominicanos y ciudadanos de otros países que pusieron sus esperanzas en una empresa internacional que ofrecía grandes retornos a los "inversionistas" que depositaron su dinero. Me refiero nada más y nada menos que a la famosa empresa TelexFREE.

Entidad comercial que funcionaba vía internet con asiento en los Estados Unidos. Se expandió por toda Latinoamérica y otras partes del mundo prometiendo una alta rentabilidad por la inversión mediante un esquema "Ponzi".

Este sistema no es nuevo, de hecho el nombre proviene del gran estafador Carlos Ponzi un italiano que llegó a los Estados Unidos y en meses se hizo millonario usando un sistema de captación de recursos mediante el reclutamiento de personas, ofreciéndoles a los inversionistas grandes retornos sobre la inversión.

La forma como explicaban el negocio estaba muy distante de la práctica real que consistía en captar recursos de nuevos socios y con éstos pagar a los viejos y así continuar la cadena de captación hasta que finalmente se hacía toda una bola de nieve creando pasivos cada vez más grandes.

Según las publicaciones de la prensa local, se estima que más de 150,000 personas en República Dominicana depositaron dinero en esta empresa. Muchos tomaron préstamos, hipotecaron sus casas y vehículos, otros tomaron sus ahorros de toda una vida y lo depositaron allí.

A pesar de que muchos consultores, usando los medios de comunicación y redes sociales nos unimos para advertir sobre este sistema, gran parte no hizo caso o se dejaron persuadir de aquellos que buscaban la comisión que se ganarían por continuar reclutando gente. Finalmente en abril del 2014 se cumple la crónica de una estafa anunciada, la bomba explotó cuando dicha empresa se declaró en banca rota según las leyes norteamericanas. Las cifras extraoficiales que se comenta, recibió la empresa, fueron de aproximadamente unos US$100,000,000.00 solo de República Dominicana.

En Massachusetts el secretario de estado William Galvin acusó a dicha empresa por un fraude de más de US$90, 000,000 solo en ese estado y se estima que los pasivos totales de esa empresa sobrepasaban los US$1,000,000,000 creando gran pánico en las personas que aún tenían su dinero depositado ahí.

Lamenté mucho un caso que leí en la prensa donde un hombre que había hipotecado su propiedad y vehículo para colocar ese dinero en TelexFREE desapareció dejando una nota suicida porque no sabía de dónde iba a conseguir ese dinero para pagar. Al pasar los meses finalmente el hombre apareció en los medios de comunicación diciendo que cambió sus intenciones suicida gracias a algunos amigos y familiares.

Esa es la realidad, la mayoría de las personas que hacen inversiones muchas veces no están preparadas para perder. Apuestan demasiado sin hacer un plan de contingencia. Entonces cuando el negocio se cae, el pánico, la depresión y la desestabilidad emocional se apoderan de sus vidas.

En una ocasión me invitaron a presentar este tema en una estación de radio. Para ese momento aún estaba en los medios el tema de la quiebra de TelexFREE. Sinceramente nuestra intención siempre fue llevar algo de esperanza para aquellas personas que habían perdido dinero o se encontraban al borde del colapso económico. De hecho, parte de lo que presentamos en ese programa voy a compartirlo con ustedes más adelante.

Luego de hacer mi presentación y contestar algunas preguntas de los locutores que me acompañaban, al final del programa pedí que abrieran los micrófonos al público para que algún oyente compartiera su experiencia sobre qué hizo para levantar su negocio luego de pasar por un momento económico difícil o para sacarlo de la quiebra. Mi exposición no fue orientada a la empresa TelexFREE, sino más bien a esas personas que tenían un negocio real y que por alguna razón no les fue bien. Increíblemente las primeras tres llamadas no fueron para contar su experiencia sobre cómo levantaron sus negocios, la gente solo preguntaba si conocíamos la empresa TelexFree y si teníamos alguna información, si la empresa iba devolver el dinero que habían depositado. Otra llamada fue para preguntar si la quiebra era un medio para reestructurarse y luego pagar. Entre otras llamadas que en resumidas cuentas reflejaban el pánico que tenían esas personas.

Al final y al ver sus inquietudes les contesté diciendo que por experiencia, las empresas que se han dedicado al negocio piramidal cuando llegan al clímax y quiebran,

> **"Estar en calma es una decisión del ser humano"**

simplemente sus dueños terminan en la cárcel condenados por estafa y lavado de activos, así como ocurrió con Carlos Ponzi, Bernard Madoff y muchos más que pueden encontrar en las redes. Además, agregué: si esta empresa lograba pagarles a todo el que puso su dinero allí, estaríamos a plena luz del día, frente a un gran milagro económico sin precedentes del siglo XXI. Luego les dije que el propósito del programa no era matarles sus esperanzas en esa empresa, sino más bien escuchar a esas personas que después de un momento económicamente difícil lograron levantarse.

Compartir esas experiencias podría ser de mucha ayuda para todos aquellos que están emocionalmente desconsolados y sin ánimo de seguir adelante. Luego de varios segundos de silencio, entraron otras llamadas de personas que nos contaron sus experiencias. Al final el programa terminó más bien como una sesión de terapia grupal, que de finanzas.

Pero aún sigue la pregunta, ¿Qué haces cuando tu negocio no va bien? ¿Te deprimes? ¿Buscas más dinero prestado? ¿Te refugias en el alcohol? ¿Comes sin control? Sea cual sea tu respuesta, quiero ofrecerte algunas recomendaciones que podrían ayudarte a recuperar tu negocio y volver hacia el camino de la libertad financiera de una manera simple y práctica. Son varios pasos que puedes hacer de forma simultánea o por partes, como mejor te convenga.

Lo que recomendamos hacer cuando tu negocio va mal o se ha ido a la quiebra es:

 **1ro.** *MANTENER LA CALMA.*

Cuando los acreedores te están presionando, cuando tus empleados pierden la confianza y pareciera que todo está por explotar, es la mejor oportunidad de practicar la calma. Sabemos que los bancos no están en calma con las presiones de cobros, los suplidores no están en calma porque te han suspendido el crédito, tus empleados no están en calma porque tal vez estás atrasado con sus salarios, pero si hay alguien que debe tener calma en medio de todo, ese eres tú. *Estar en calma es una decisión del ser humano.* Es decir, que está en nuestra mente decidir si estar en calma o no. No puedes permitir que tus emociones decidan eso. Muchas personas creen que cuando estás en calma en medio del torbellino significa que no te importa lo que está pasando, esto es un grave error.

Cuando estás en calma, tu mente se expande. Es como cuando tratas de mirar el árbol que está a tu derecha mientras conduces tu automóvil, no podrás concentrarte en lo que hay a menos que detengas el vehículo y te fijes atentamente. En este caso deberás detener todos los pensamientos que te llegan a la mente sobre las consecuencias legales que pudieras tener, la pérdida de tu casa, el negocio, los embargos, el mal crédito, entre otras cosas. Las posibilidades de resolver conflictos se incrementan cuando decidimos mantener la calma.

Para eso existen varios ejercicios, el más común es tratar de hacer alguna actividad que sea de nuestro mayor agrado y que nos permita por lo menos olvidar momentáneamente los problemas del negocio sin que esto signifique tener que gastar mucho dinero. Es similar a un sistema operativo de una PC o dispositivo móvil cuando se congela, simplemente hay que apagar y encender de nuevo el equipo.

En tu caso podrías ir al parque con tu familia, practicar algún deporte, compartir un rico almuerzo, hacer un picnic, montar bicicletas o salir con tus amigos. El asunto es no quedarte solo, pensando en los problemas.

En mi caso, el mejor ejercicio que te puedo recomendar para mantener la calma en medio de la tormenta lo encontré en las Sagradas Escrituras, específicamente en el libro de Marcos capítulo 4 versos 35 hasta el 41. Jesús estaba cansado luego de tener un día muy ajetreado, así que le dijo a sus discípulos que lo llevaran al otro lado del lago en una barca. Al parecer su cansancio era tan grande que inmediatamente subió al barco se quedó dormido en la parte trasera. De repente lo que parecía ser un día soleado y hermoso, se convirtió en un día casi de naufragio. El verso 37 dice claramente:

"Pero se levantó una gran tempestad de viento, y echaba las olas en la barca, de tal manera que ya se anegaba"

Es decir, el barco estaba a punto de hundirse. Puedo imaginar a todos los discípulos aterrados por la fuerte lluvia, vientos, los rayos y turbulencias que había en ese momento. De repente alguien mira en la parte trasera del barco y ve algo anormal.

El verso 38 nos da mejores detalles:

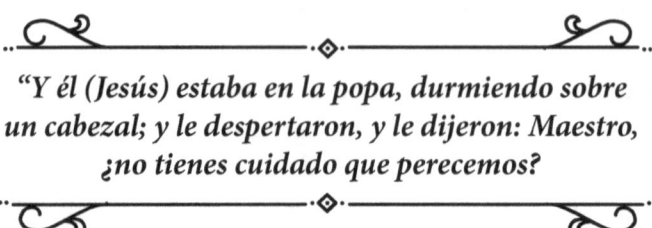

"Y él (Jesús) estaba en la popa, durmiendo sobre un cabezal; y le despertaron, y le dijeron: Maestro, ¿no tienes cuidado que perecemos?

Imagínate el escenario, todos abrumados por la situación, mientras Jesús dormía. Al final, cuando al parecer no tenían esperanzas se acordaron que había alguien a bordo que podía salvar la situación. Ellos no sabían que los vientos, las tormentas y las olas podían quitarle el sueño a Jesús, así que observa cómo termina el relato en los versos 39 hasta el 41:

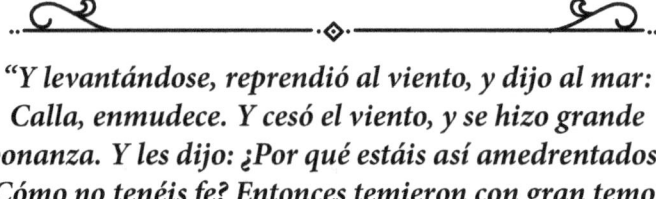

"Y levantándose, reprendió al viento, y dijo al mar: Calla, enmudece. Y cesó el viento, y se hizo grande bonanza. Y les dijo: ¿Por qué estáis así amedrentados? ¿Cómo no tenéis fe? Entonces temieron con gran temor, y se decían el uno al otro: ¿Quién es éste, que aun el viento y el mar le obedecen?"

No sé si alguna vez has estado en alguna embarcación a punto de hundirse o en un avión en medio de grandes turbulencias. Lo que si te puedo decir es que donde quiera que te encuentres, cuando los vientos de la vida parezcan hundir tu embarcación, puedes acudir a quien tiene el poder de decirle a tu problema: "Calla, enmudece" y ese día de tormenta puede convertirse en un hermoso día soleado.

Este es el primer paso para mantener la calma, acudir a Dios. Reclamar sus promesas y esperar con fe. Esto va a producir que todas tus cargas sean transferidas a Jesús y te dará las fuerzas para que puedas seguir.
Una vez que tengas esa intimidad con Dios, entonces ya puedes continuar con el segundo paso.

2do. *COMENTAR TUS PROBLEMAS.*

Con esto no estoy afirmando que debas decirles a todas tus amistades lo que te está ocurriendo. Lo que estoy significando con este paso es que no debes quedarte con toda esa tensión en tu mente. Es recomendable compartir con tu esposa e hijos sobre la situación del negocio, no con la finalidad de crearles pánico, sino, para que ellos se sientan identificados contigo y puedas encontrar empatía en el refugio de tu familia.

Cuando no le comentamos a nuestras esposas sobre estas situaciones, lo más común es que el problema del negocio se extienda hasta el hogar. Si mi familia no sabe por la situación que estoy pasando, prontamente van a notar mi cambio de actitud, mi vulnerabilidad y falta de paciencia sin ninguna explicación. Lo cual dará por resultado fuertes discusiones y enfrentamientos estériles que muchas veces terminan en divorcio.

Los sicólogos siempre recomiendan que hablemos sobre nuestros problemas con las personas indicadas. Un buen consultor financiero sería una excelente idea para añadir a la lista de personas con quien hablar además de tu familia.

Cuando revisamos las estadísticas relativas a los ataques al corazón podemos encontrar que existen mayor incidencia en los hombres que en las mujeres, aunque en las mujeres es más letal que en los hombres no cabe duda en que parte de esto tiene que ver en la forma como los hombres manejan las crisis. Normalmente las mujeres conversan más, los hombres son más reservados y comentan menos sus problemas. Eso trae como resultado que mentalmente estemos más cargados y con el mayor peso emocional.

Hablar con nuestra pareja es una buena alternativa que permite incluso acercase en vez de alejarse. Las estadísticas de divorcio reflejan que una de las principales causas de divorcios la produce los problemas económicos. Muchas veces hay situaciones difíciles y las parejas en vez de darse apoyo, se culpan unos a otros y no encuentran una salida adecuada.

Si comentas con tu familia la situación, vas a tener un buen equipo de trabajo, que te ayudará de una forma u otra a visualizar mejores soluciones.

Una vez que le des participación a tu familia, no te olvides de tener siempre presente la promesa que se encuentra en las sagradas escrituras:

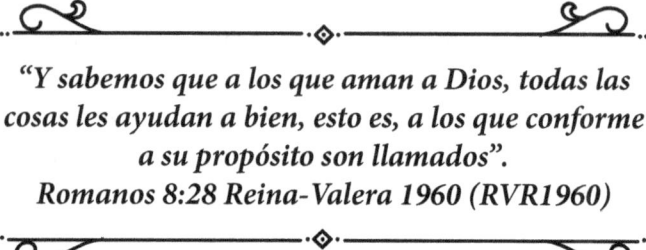

"Y sabemos que a los que aman a Dios, todas las cosas les ayudan a bien, esto es, a los que conforme a su propósito son llamados".
Romanos 8:28 Reina-Valera 1960 (RVR1960)

Es bien difícil cuando estamos a punto de perderlo todo o si estamos en bancarrota ver desde ahí que existe un plan que resultará en beneficio. Sin embargo las promesas de Dios no conocen premura ni demora, simplemente se aceptan por medio de la fe. Las promesas de Dios desafían la lógica del ser humano y obran de tal manera que al hombre solo le queda decir: "hágase tu voluntad oh Dios mío".

En las Sagradas Escrituras tenemos abundantes ejemplos que nos presentan cómo Dios ha levantado a personas incluso de la misma muerte o en momentos difíciles de sus vidas. Si eres creyente o aún si no lo eres, te invito a que comentes tus dificultades a Dios, él está atento al clamor de sus hijos y es quien provee la verdadera paz que necesitas en esos momentos difíciles. El mismo Isaías lo dijo cuándo escribió:

"Tú guardarás en completa paz, a aquel cuyo pensamiento en ti persevera; porque en ti ha confiado"
Isaías 26:3 Reina-Valera 1960 (RVR1960)

Luego de darle participación a Dios y hablar con tu familia, bien podrías avanzar con el siguiente paso:

HACER UN ANALISIS HONESTO SOBRE LA CAUSA QUE ORIGINO EL PROBLEMA.

En este punto no debes verte como el héroe de la película que va a resolver la situación, porque una actitud así podría ocultar algún problema administrativo o algún error que hayas cometido en la dirección de tu negocio. Tampoco este análisis busca culpables, sencillamente trata de establecer las causas que originaron la dificultad financiera para luego crear un plan de acción que trate de corregir los posibles errores o crear las circunstancias para que la empresa se encamine por buen sendero.

Este estudio involucra las diferentes acciones que en conjunto con tu empresa has tomado o las situaciones externas que se han presentado dando como resultado lo que tienes hoy. Existen muchas razones por las cuales una empresa puede disminuir sus ventas e irse a la bancarrota, a continuación mencionaremos algunas:

 Mala Administración

Este aspecto es muy abarcante, no obstante hacia donde queremos llevar el punto es a esas decisiones que toman algunos dueños de empresas cuando entienden que su negocio va bien. Entre las que citaremos: Compra de objetos costosos cuyo único beneficio es aumentar el nuevo "status". Endeudamiento descontrolado para adquirir activos improductivos, viajes de placer de manera frecuente, entre otras cosas.

Con esto no estoy condenando a las personas que lo hacen, lo que deseo aclarar es que no debemos descapitalizar el negocio para la satisfacción de nuestros deseos. Tu negocio es el mejor activo que tienes y por lo tanto debes cuidarlo y hasta donde sea posible, posponer ciertos placeres hasta que tengas la suficiente seguridad de que esa acción no va a perjudicar la empresa. Cuando el negocio va bien, es cuando más debes tener cuidado a la hora de gastar, pues la sensación de prosperidad puede traicionarte e incurrir en gastos de dinero que más adelante lo vas a necesitar para tu actividad productiva.

Cuando un negocio quiebra, siempre es interesante saber cómo era la vida de los propietarios. Al descubrir sus hábitos financieros no se imaginan la cantidad de dinero que muchos de ellos han malgastado que si lo hubiesen usado para invertirlo en la empresa, tal vez la hubiesen salvado.

 ### Factores Externos

Con este análisis podrías darte cuenta de que tal vez el producto o servicio que ofreces ya no es atractivo para el mercado, debido a que hay una sobreoferta. Tus competidores ofrecen mejor precio o simplemente hay otro producto que sustituye el que tienes. Por eso es necesario llevar muy de cerca las estadísticas de ventas, ya sea diario, semanal o mensual. Dependiendo el tamaño de tu negocio, pues cualquier variación de importancia te daría suficiente tiempo para saber por qué se originó y buscar los correctivos de lugar.

 ### Factores Internos

En este punto es bueno pensar qué tan satisfechos está el personal que está bajo tu dirección. ¿Están contentos con el salario y los beneficios que les ofrezco? ¿Trabajan mis empleados con entusiasmo, orientados a cumplir los objetivos? ¿Trabajan en equipo coordinado hacia un mismo fin? ¿Operan los controles internos de manera que no permitan el escape de recursos por empleados mal intencionados?

Todas estas preguntas nos pueden llevar a ciertas conclusiones e identificar si el problema de la baja producción es un asunto interno de la compañía o si tiene algún "escape". Además te ayudará a realizar cambios que motiven al personal.

 ### BUSCAR SOLUCIONES PUNTUALES.

Siempre al buscar soluciones, no lo hagas solo. Aún sigue en vigencia el viejo refrán que dice: "Cuatro ojos ven más que dos"; y la palabra de Dios dice que en la multitud de consejeros hay sabiduría. No es humillante, ni degradante que le des participación a tu personal para buscar soluciones que satisfagan la empresa. Muchas veces ellos como están en el día a día tienen otra visión de las cosas y siempre hay que escucharlos. No está de más tener a un consultor especializado que te pueda dar ideas y ayudarte a encontrar soluciones.

En mi caso, me gustan más los "Mentores", esas personas que se han desarrollado en ciertas áreas que por su gran experiencia podrían ayudarte con más propiedad a salir adelante con tu empresa.

Cuando no le das participación a tus empleados, ellos no se sienten comprometidos y perderías una gran fuente de información que podría ser de mucha utilidad para levantar el negocio. Recuerda que la empresa son todos, unos con más responsabilidad que otros, pero al final si tienes éxito, todos lo tienen. Pero si fracasas, tu solo fracasas.

> **$** *"Un empresario de conciencia sabe que los niveles de vida están amarrados al nivel de producción, es decir que suben y bajan"*

Ahora bien, si el negocio ya está en bancarrota y estás endeudado ¿qué hacer? Lo que muchas personas hacen es buscar más dinero prestado y pagar, de ese modo tratan de cubrir deudas sobre deudas haciendo el problema cada vez más grande.

Si la perspectiva del negocio no es para recuperarse y aún estás en la posibilidad de vender los activos que te quedan, es mejor hacerlo porque al final es mejor deber menos que endeudarte y deber más. A esto se suma que será necesario disminuir tu nivel de vida. Muchas veces no queremos aceptar que nuestra bonanza llegó a su fin y a pesar de estar financieramente quebrados, insistimos en andar en lujosos carros y disfrutando de restaurantes caros. Esto es un grave error, *un empresario de conciencia sabe que los niveles de vida están amarrados al nivel de producción, es decir que suben y bajan.*

Esta realidad hay que aceptarla, pues de no conocerla cuando llegan los momentos difíciles en vez de tomar decisiones que levanten nuestros negocios, lo que hacemos es hundirlos cada vez más profundo en la miseria y las deudas.

En algunos casos vendiendo los activos se consigue más que mostrar un nivel de vida que técnicamente ya no tenemos. Tal vez para la gente, la imagen y la apariencia represente mucho. Pero cuando estás a punto de perder tu casa, tu vehículo, tu negocio y hasta tu familia, la imagen no te puede salvar. La realidad es más poderosa que la apariencia. Si hay que vender el vehículo lujoso para usar uno más modesto, es mejor hacerlo que continuar transitando en uno nuevo y que luego un alguacil haga acto de presencia con la fuerza pública y se lo lleven por falta de pago.

El asunto es sobre quién domina más tus acciones, tu poder de razonar o el poder de tus emociones. Es tu elección.

CAPITULO 10

¿POR QUE NO GENERAMOS IDEAS DE NEGOCIOS?

"No te hagas esclavo de tu pasado,
sino amo y señor de tu porvenir"

Melvin Féliz
Asesor financiero y conferencista internacional

A lo largo de la historia contemporánea y en esta era de la tecnología, muchas personas se sorprenden con el gran avance científico que hemos tenido. 20 años atrás, nadie se imaginaba que la comunicación virtual, el internet y los teléfonos inteligentes iban a ocupar el principal foco de atención de la juventud moderna. Pareciera como que le cambiaron el "Software" a los seres humanos para generar en tan poco tiempo esas ideas que han revolucionado al mundo.

Si bien es cierto que las grandes ideas sobre la cual descansa la ciencia de hoy está anclada en investigaciones de muchos años hechas por científicos que dedicaron toda su vida a mejorar el mundo, no es menos cierto que en los últimos veinte años las nuevas ideas que han revolucionado la tecnología han surgido de personas cada vez más simples y "menos" preparada que los científicos de 50 años atrás. Las nuevas corporaciones mundiales, especialmente las empresas de tecnología, comunicación y redes son manejadas por jóvenes que simplemente tuvieron una gran idea y se propusieron desarrollarla.

Quien iba a pensar que unos jóvenes con menos de 25 años, aun sin terminar la universidad iban a crear una empresa mundial y tan contagiosa como Facebook, específicamente me refiero a su principal fundador Mark Zuckerberg quien solo tenía 19 años cuando creo la idea y comenzó a desarrollarla. La misma edad tenía el famoso y también multimillonario Bill Gates cuando fundó Microsoft y su sistema operativo que más tarde se convirtió en uno de los más usados del mundo. Y qué decir de otro Titán como el ya fallecido Steve Jobs, fundador de Apple y otros grandes hombres que pasaron por este mundo para facilitar la vida de millones de personas.

El común denominador que observamos con las personas que hemos mencionado es el siguiente: Jóvenes comunes y corrientes con grandes sueños y un enorme deseo de cambiar sus vidas y cambiar la vida de muchas personas. Las grandes ideas normalmente surgen porque existe un fuerte deseo de cambiar o mejorar algo. Lamentablemente no vamos a encontrar esta característica en la mayoría de las personas, porque pensamos que cuando alguien logra el éxito fruto de una gran idea es porque tiene algún poder especial o fue dotado de un cerebro construido con elementos de otro planeta. Realmente no es así, la gran diferencia que puede haber está en la forma como pensamos y vemos las cosas, en lo que creemos de nosotros mismos y cuán convencidos estamos de nuestras capacidades.

Se le atribuye al gran empresario y multimillonario estadounidense Henry Ford la famosa expresión que dice:

"Tanto si piensas que puedes, como si piensas que no puedes, estás en lo cierto".

Mejor de ahí no se puede expresar y es que la actitud que tengas sobre ti mismo, la forma de vida que llevas y la visión que tengas sobre la sociedad va influir en tus pensamientos en el momento de generar ideas, especialmente de negocios. Tal vez en algún momento te has preguntado: ¿por qué no genero ideas exitosas de negocios? A continuación voy a ofrecerte algunas respuestas que pudieran contestar esta interrogante tomando en cuenta algunas estadísticas que he visto hasta este momento.

Desde mi punto de vista hay tres principales razones por las cuales no generamos ideas de negocios las cuales son:

 La Comodidad.

Cuando me refiero a la comodidad, no estoy señalando aquella que has obtenido como resultado de tu gran trabajo de empresario o empleado, durante tantos años. Me refiero a la comodidad de permanecer en tu zona de confort y no experimentar cosas nuevas. Me explico: Si vives en una casa que te prestaron por tiempo indefinido, donde no tendrás que pagar renta, hipotecas, ni otros gastos que tengas que asumir, es muy probable que tu deseo de adquirir una casa propia no sea tan importante. No sientes la presión, es una necesidad que está suplida, por lo tanto vives como si dicha necesidad no existiera.

A cambio, si el dueño de la casa te dice que no podrás vivir más en su propiedad y de repente debes mudarte con tu familia ahora pagando renta elevada, viendo como cada mes gran parte de tus ingresos se lo lleva la renta y al final la propiedad no es tuya, entonces es muy probable que pienses en comprar una casa, porque no es rentable pagar durante varios años una cantidad de dinero y al final no tener nada.

Te ofrezco otro ejemplo: Si como empleado recibes un salario y mientras el salario te alcance para suplir todas tus necesidades incluyendo divertirte con tu familia, ahorrar y mejorar tu calidad de vida, es muy probable que no pienses en otros ingresos. Tus necesidades están suplidas; en cambio, si tus ingresos no te alcanzan para cubrir todos tus compromisos, te atrasas con las tarjetas de crédito, no puedes pagar la renta de tu casa y te están llamando del colegio de los niños porque debes varios meses, hay una alta probabilidad que pienses en generar ingresos extras. Ya sea creando un negocio o buscando otro empleo. El problema es que cuando buscas otro empleo simplemente tendrás un alivio temporal, pues el aumento del costo de la vida no va en consonancia con los salarios que pagan las empresas.

Lo que quiero significar es que *la comodidad muchas veces asfixia las ideas de negocios porque no estamos en la necesidad de crear nuevas formas de generar dinero.*

Por otro lado, tenemos otro factor que también contribuye a esto y es:

 El exceso de conformismo.

Desde que éramos pequeños se nos enseñaba que teníamos que ser agradecidos y ser felices con las cosas que teníamos. Aún los sicólogos de hoy recomiendan que si no disfrutas lo que tienes vivirás una vida de infelicidad y hasta cierto modo eso es cierto. Lo que pasa con esas recomendaciones es que muchas personas las toman muy en serio. Es decir, disfrutan tanto lo que tienen que pierden la idea de que puede haber algo aún mejor con un mayor grado de satisfacción.

Se sienten tan conformes que ignoran la posibilidad de mejorar sustancialmente sus niveles de vida. Tienen una vida totalmente estancada. Es como aquella persona que tiene su vehículo en pésimas condiciones, y que debido a su irregular funcionamiento provoca inconvenientes en el tránsito. Ante esta situación el propietario está feliz y contento porque entiende que debe de estar conforme con las cosas que la vida le da. No estoy de acuerdo. La realidad es que con ese vehículo pones en riesgo a tu familia cada vez que la transportas, a otros conductores y tu misma vida. No tengo por qué estar conforme con eso, ese tipo de conformidad no provoca que sientas la necesidad de adquirir un mejor vehículo. Lo mismo ocurre con las ideas de negocios, para que esas ideas surjan debes sentir una necesidad de no continuar como estás.

> **"La comodidad muchas veces asfixia las ideas de negocios porque no estamos en la necesidad de crear nuevas formas de generar dinero"**

Debes querer algo mejor y ese deseo de querer algo mejor llevará a tu mente a crear ideas que podrían encaminarte a cambiar sustancialmente tu nivel de vida.

Otro elemento que aniquila tus ideas de negocios es:

 c) **La Preocupación.**

Estar muy conforme es tan perjudicial para la generación de ideas como el estar altamente preocupado. En la primera tratamos de producir paz como una forma de autocompasión por no tener aquello que puede mejorar nuestros niveles de vida. Con la segunda ocurre lo contrario, pero con efectos más desastrosos. Normalmente las preocupaciones de las personas al no poder cumplir con sus compromisos financieros muchas veces las han llevado hasta al suicidio. Otras en medio del mismo fuego de las deudas y los compromisos han desarrollado ideas que les han ayudado a salir victoriosos de sus momentos difíciles.

Es que el ser humano no fue creado para vivir derrotado. Desde el principio el hombre fue creado para "Gobernar" la tierra. Para tener control sobre los elementos que nos rodean, no que esos elementos nos controlen a nosotros. Si revisas detenidamente el relato del Génesis, verás que el plan de Dios siempre fue que la tierra sirva al hombre y no lo contrario.

Hoy en día el hombre sirve a la tierra, nos hemos hecho esclavos de las cosas que deberían ser nuestros siervos.

En vez de que el dinero trabaje para nosotros, lo que hacemos es trabajar para conseguir dinero. Cuando nos preocupamos de una forma desmedida alimentamos este concepto, nuestra mente se enfoca más en el dinero que en una buena idea para conseguirlo.

No podemos permitir que las cosas creadas para que nos sirvan se conviertan en nuestros amos. En el fondo de nuestro ser aún conservamos la herencia de nuestro padre Adán. Aunque no lo creas, eres un descendiente del principal gobernante que Dios puso en esta tierra y por ende nos corresponde gobernar. No permitas que las preocupaciones te quiten ese legado. Debes aprender a *"Capitalizar tus desgracias".*

En una ocasión utilicé esa expresión en un programa de radio y los locutores que dirigían la entrevista me miraron sorprendidos, casi al unísono preguntaron en qué

> **$** *"Estar muy conforme es tan perjudicial para la generación de ideas como el estar altamente preocupado"*

consistía eso. Les respondí con una breve historia de mi vida, les dije: desde que era niño siempre me ha gustado dormir. El hecho de levantarme temprano para mí era algo espantoso y les confieso que aun hoy, después de muchos años, me encanta levantarme tarde en las mañanas. Mi madre quien era la primera en levantarse se encargaba de despertarnos a todos en la casa, a mis hermanos y a mí para ir a la escuela y a mi padre para ir al trabajo.

No era extraño el día que mi madre tenía que despertarme más de tres veces y al final entrar a mi habitación para desenrollarme de las tibias sábanas donde me envolvía. Al repetir eso durante varios años, ya mi madre estaba entrando en pánico sobre mi futuro y sin saber el efecto que sus palabras podrían hacer en mí, repetía una y otra vez que yo no sería como mis demás hermanos, que no me iba a gustar estudiar, ni mucho menos trabajar. El sueño de mi madre siempre fue que yo estudiara medicina y veía sus esperanzas frustradas por mi manera de comportamiento.

Al transcurrir el tiempo y en la medida que fui creciendo, conocí el evangelio a la edad de 13 años. Ya tenía idea de lo que era la educación cristiana. De inmediato empecé a profundizar en las Sagradas Escrituras y a descubrir que mi madre estaba equivocada en el sentido que por el hecho de que me gustaba dormir necesariamente iba a ser un fracasado en la vida. Me tomé sus palabras como un desafío y me esforcé durante los siguientes años a fin de demostrarle que yo si podía lograr el éxito. El tiempo avanzó, me gradué en el bachillerato e ingresé a la universidad. Finalicé la universidad aunque no estudié la carrera de sus sueños, sino otra que elegí por mí propia voluntad. Luego hice estudios de maestría y postgrados. Durante todo ese proceso trabajé para varios bancos, escalé varias posiciones gerenciales hasta que dejé la banca e instalé mi propia empresa. Gracias a Dios, no me considero como alguien que ya llegó a la meta, pero si como dice el apóstol Pablo:

"No que lo haya alcanzado ya, ni que ya sea perfecto; sino que prosigo, por ver si logro asir aquello para lo cual fui también asido por Cristo Jesús. Hermanos, yo mismo no pretendo haberlo ya alcanzado; pero una cosa hago: olvidando ciertamente lo que queda atrás, y extendiéndome a lo que está delante, prosigo a la meta, al premio del supremo llamamiento de Dios en Cristo Jesús"
Filipenses 3:12-14 Reina-Valera 1960 (RVR1960)

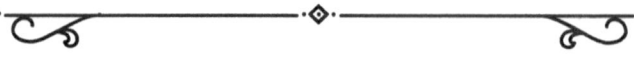

Me gusta mucho cómo el apóstol Pablo enfoca el concepto de "Capitalizar tus desgracias" casi en la parte final del texto: "Olvidándome ciertamente lo que queda atrás, extendiéndome a lo que está delante…" Eso es lo que nos corresponde. Capitalizar, sacar el lado positivo de las cosas que nos golpean, seguir adelante. No permitas que tu pasado te esclavice, sino que te sirva de talón para generar ideas que cambien tu futuro. *"No te hagas esclavo de tu pasado, sino amo y señor de tu porvenir".* Si te propones hacerlo vas a tener ideas de negocios que mejorarán tu nivel de vida y eso no ocurre por arte de magia. Debes esforzarte, enfocarte y al final mirarás atrás y verás todo lo que has recorrido y lo que te falta por alcanzar.

Durante mi adolescencia no sabía cómo pagaría mis estudios y pensaba sobre los recursos que iba a necesitar para tener mi propia empresa. En ocasiones creía que mi madre tenía razón, pero deseché esas ideas y vi que el futuro me esperaba con grandes oportunidades.

Al pasar los años me doy cuenta que si hubiese creído lo que mi madre me decía, tal vez fuera una persona sin sueños, un derrotado. Sin embargo no culpo a mi madre,

> **$** *"No te hagas esclavo de tu pasado, sino amo y señor de tu porvenir"*

todo lo contrario, le agradezco porque sus palabras fueron la chispa que encendió el deseo de ser diferente.

Me ayudó a capitalizar sus palabras pero a mi beneficio. Tristemente ella no pudo ver el avance profesional de todos sus hijos debido a que apenas cuando yo iniciaba la universidad fue detectada de cáncer y luego de varios años murió.

Fue un momento duro para todos nosotros, especialmente para mi padre quien gastó todas sus energías y todos sus ahorros en el tratamiento de su enfermedad y al final tener que dejarla ir.

Sin embargo su partida no fue sin esperanza, pues antes que le detectaran cáncer aceptó a Cristo como su Salvador. Su perspectiva de ver la vida cambió radicalmente, se aferró a Cristo hasta que descansó en la paz del Señor, dejándonos la esperanza de que algún día nos volveremos a ver pero con cuerpos incorruptibles lleno de la gloria de Dios. Así lo expresó el apóstol Pablo cuando escribió:

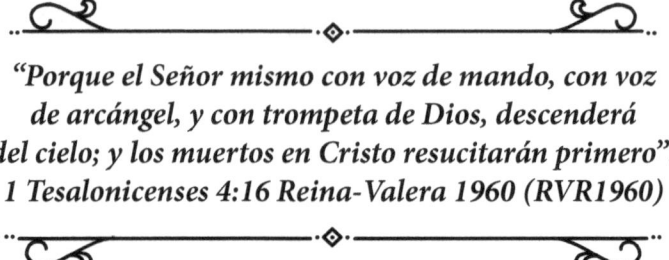

"Porque el Señor mismo con voz de mando, con voz de arcángel, y con trompeta de Dios, descenderá del cielo; y los muertos en Cristo resucitarán primero".
1 Tesalonicenses 4:16 Reina-Valera 1960 (RVR1960)

Cuando tenemos esperanza, hasta la muerte la vemos como un capitalizador de ideas. Pues los que mueren en Cristo simplemente descansan hasta que llegue la nueva vida.

No sé cuál es tu principal preocupación, solo te puedo decir que si la depositas en las manos de Dios y crees que él puede convertirla en algo productivo, así será. No permitas que eso que te atormenta mate tus esperanzas.

Mira hacia el cielo y confía que todo saldrá bien. Lo que escribió el apóstol Pablo a los romanos, también es para ti:

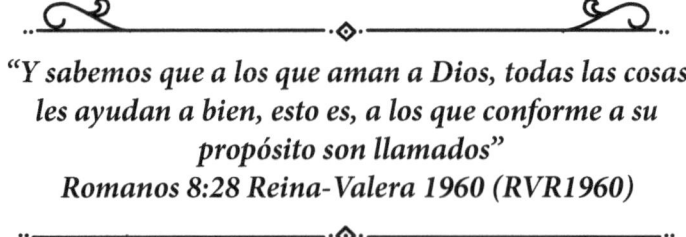

"Y sabemos que a los que aman a Dios, todas las cosas les ayudan a bien, esto es, a los que conforme a su propósito son llamados"
Romanos 8:28 Reina-Valera 1960 (RVR1960)

CAPITULO 11

MIRANDO LO QUE NO SE VE

*"No mirando nosotros las cosas que se ven,
sino las que no se ven; pues las cosas que se ven
son temporales, pero las que no se ven son eternas"*

Apóstol Pablo
2 Corintios 4:18 Reina-Valera 1960 (RVR1960)

La vista es uno de los dones más valiosos que Dios ha dado al ser humano. Gracias a la providencia divina la ciencia ha desarrollado mecanismos sofisticados para atender a los no videntes y les ha proporcionado herramientas para hacer sus vidas más placenteras.

Es importante mencionar que no es lo mismo tener "Vista" que tener "Visión". Según los especialistas, la vista se puede definir como todo aquello que nos permite percibir la forma, distancia, posición, tamaño y color de todos los objetos y seres que nos rodean. Lamentablemente muchas personas definen sus vidas solo con las cosas que pueden tener a simple "vista" y no obtienen buenos resultados.

La visión va más allá, ésta se define como un proceso complejo de habilidades que me permiten saber qué hacer con lo que veo, cómo actuar, qué responder, cómo procesar, cómo ubicarme y ubicar las cosas en el espacio. En otras palabras, la manera de cómo proceso y entiendo la información que se recibe a través del sistema visual. O sea, se trata más de lo que no se ve.

Con estas definiciones en mente, podemos entender mejor lo que el apóstol Pablo le quiso decir a los corintios en el verso que leímos al principio. El mensaje es bien simple: "Que no se aferren de aquellas cosas que están a simple vista, pues son temporales, no deben mirar solo con sus ojos físicos, hay cosas más profundas que cruzan la dimensión humana y entran al plano espiritual".

> **$** *"Cuando tienes un sueño en la vida, éste no solo debe estar a simple vista, debe cruzar la barrera de lo material y convertirse en algo tan fuerte que puedas apreciarlo con los ojos del alma"*

¡Cuántas malas decisiones hemos tomado solo por tener a simple vista algo que entendíamos nos iba a beneficiar y luego de transcurrir el tiempo pagamos las consecuencias!

Cuando tienes un sueño en la vida, éste no solo debe estar a simple vista, debe cruzar la barrera de lo material y convertirse en algo tan fuerte que puedas apreciarlo con los ojos del alma. Nuestros planes, nuestras metas, nuestro futuro, no deben estar atados a lo que tenemos a simple vista.

Si en estos momentos todo lo que te rodea es oscuridad, situaciones difíciles y momentos tristes, recuerda que todo eso simplemente es lo estático. Lo que interpretas y las decisiones que tomes determinarán el alcance de tu visión. Quizás nunca pensaste estar donde te encuentras ahora y en ocasiones te ves obligado a realizar actividades que en el fondo no quieres. Permíteme informarte que en estos momentos puedes decidir hacer algo diferente y decir: ¡Ya basta! No estoy condenado a ser lo que no quiero. Hay todo un mundo lleno de oportunidades esperando por personas llenas de deseo para hacer cosas extraordinarias y diferentes, en este preciso instante tú puedes ser una de ellas.

Vas a encontrar muchos obstáculos, te dirán que no podrás, pero debes continuar sin importar el pasado, llegarás tan lejos como tu visión. El presente no es un determinante, *lo que pasó en tu niñez o adolescencia tal vez marcó lo que eres hoy, pero no necesariamente debe decidir lo que ocurrirá de ahora en adelante.*

> **$** *"Lo que pasó en tu niñez o adolescencia tal vez marcó lo que eres hoy, pero no necesariamente debe decidir lo que ocurrirá de ahora en adelante"*

A cada persona Dios ha dado el don de elegir, no tienes que repetir la misma historia, puedes hacer la diferencia. Solo necesitas voluntad y poder de decisión, ambas Dios puede dártelas.

A través del ojo de la Fe puedes tener una visión sin precedentes, hasta llegar a lo humanamente inalcanzable, sosteniéndote de lo invisible. Así podrás decir con propiedad:

"Mi vida no depende de las cosas que se ven, sino de las que no se ven; pues las cosas que se ven son temporales, pero las que no se ven son eternas, mis decisiones tienen consecuencias eternas, por eso confío en Dios".

El propósito de este libro, más que informarte sobre los beneficios de tomar decisiones financieras bien pensadas, fue mostrarte que con lo que tienes y donde estás, puedes lograr grandes cosas, especialmente en el aspecto financiero, sin importar de dónde vienes, lo que has hecho o donde has estado. Si has llegado hasta aquí es porque tienes el deseo de ser alguien diferente. Si así piensas luego de llegar al final de este libro, puedo decir que hemos logrado nuestro objetivo y al mismo tiempo te extiendo mi mano dándote la bienvenida porque ya estás en el sendero de las personas que van hacia la meta de ser **FINANCIERAMENTE SABIO**.

Sobre el Autor

———◇———

Melvin Féliz es un destacado conferencista y facilitador en el campo de las finanzas que se ha caracterizado por enfocar dichos temas desde una perspectiva Bíblica en un lenguaje llano. Es contador público autorizado, especialista en administración financiera con un máster en contabilidad tributaria.

También es CEO de la compañía FIEMPRESA. Organización que ofrece asesoría y servicios financieros en las áreas de Inversiones, Gestión Inmobiliaria, Impuestos y Finanzas a personas físicas y jurídicas.

El Sr. Féliz laboró por más de 15 años en diferentes instituciones del sector bancario, específicamente en las áreas de análisis y evaluación de crédito logrando alcanzar posiciones gerenciales y de alta dirección.

Sus conferencias han sido presentadas en diferentes países, empresas, congregaciones cristianas y emisoras de radio, transformado la vida de miles de personas.

www.ingramcontent.com/pod-product-compliance
Lightning Source LLC
Chambersburg PA
CBHW071442180526
45170CB00001B/422